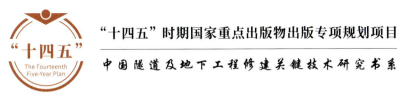

"十四五"时期国家重点出版物出版专项规划项目

中国隧道及地下工程修建关键技术研究书系

特殊地质隧道灾变控制理论研究与应用系列丛书

富水砂化白云岩隧道
灾变理论与对策

周 平 邹永木 齐永立 李小兵 周跃峰 著

THEORY AND COUNTERMEASURES OF DISASTER FOR
RICH WATER SANDIFIED
DOLOMITE STRATUM TUNNEL

人民交通出版社

北 京

内 容 提 要

本书以新成昆铁路复线富水砂化白云岩隧道灾害机理与控制为主线，开展了富水砂化白云岩地层特长隧道施工关键技术研究，首次建立白云岩隧道砂化分级标准与灾变理论，探明白云岩砂化机理和分级标准，揭示了砂化白云岩隧道涌突致灾机理，提出砂化白云岩隧道稳定性评价方法，为砂化白云岩隧道灾害防控奠定了理论基础；创建砂化白云岩隧道"探-泄-减-堵"水控制体系，研发了富水砂化白云岩隧道精准"探水"技术、靶向"泄水"技术、"分水"减压技术和注浆"堵水"技术，攻克了富水砂化白云岩隧道突水涌砂防治技术难题；研发了砂化白云岩隧道"超前支护+铣爆结合"安全快速施工技术，提出了分层密排自进式中管棚的管幕超前支护隧道施工技术，创建了富水砂化白云岩隧道铣爆结合最优开挖工法，实现了富水砂化白云岩隧道的快挖、快支、快封闭施工效果。

本书是作者团队近十年来在富水砂化白云岩隧道灾变机理与防控方面的相关科研攻关及工程实践的成果总结，内容丰富、论述严谨、数据翔实，可供隧道及地下工程领域的科研人员和专业技术人员参考使用，亦可作为隧道工程、地质工程等专业的教学参考书。

图书在版编目（CIP）数据

富水砂化白云岩隧道灾变理论与对策 / 周平等著.
北京：人民交通出版社股份有限公司，2024.12.
ISBN 978-7-114-19776-5

Ⅰ．U456.3

中国国家版本馆 CIP 数据核字第 2024NC5980 号

Fushui Shahua Baiyunyan Suidao Zaibian Lilun yu Duice

书　　名：	富水砂化白云岩隧道灾变理论与对策
著 作 者：	周　平　邹永木　齐永立　李小兵　周跃峰
责任编辑：	高鸿剑
责任校对：	赵媛媛
责任印制：	刘高彤
出版发行：	人民交通出版社
地　　址：	（100011）北京市朝阳区安定门外外馆斜街3号
网　　址：	http://www.ccpcl.com.cn
销售电话：	（010）85285857
总 经 销：	人民交通出版社发行部
经　　销：	各地新华书店
印　　刷：	北京印匠彩色印刷有限公司
开　　本：	787×1092　1/16
印　　张：	12.75
字　　数：	261千
版　　次：	2024年12月　第1版
印　　次：	2024年12月　第1次印刷
书　　号：	ISBN 978-7-114-19776-5
定　　价：	108.00元

（有印刷、装订质量问题的图书，由本社负责调换）

作者简介

周平，男，工学博士，博士后，副教授，入选中国科协青年人才托举工程，全国铁路青年岗位能手，荣获詹天佑铁道科学技术奖（专项）、四川省公路学会青年科技奖。现任四川省环青藏高原交通廊道地质灾害生态化防治工程技术研究中心副主任，入库教育部长江学者人才计划评审专家、国家自然科学基金通讯评审专家、教育部学位论文评审专家；《地球科学与环境学报》《长安大学学报·自然科学版》《建筑科学与工程学报》青年编委。主要从事极端环境特殊地质隧道灾变控制理论方面教学和研究工作，主持中国科协青年人才托举工程、国家自然科学基金项目、中国博士后科学基金特别资助项目、中国博士后科学基金面上项目、四川省科技苗子工程基金、四川省博士后站前计划和中央高校基金等十余项课题。在国内外高水平期刊发表 SCI/EI 论文 50 余篇（以第一或通讯作者身份发表 SCI/EI 论文 40 篇），中科院 1 或 2 区论文 25 篇，中科院 TOP 论文 8 篇，总被引超 1000 次，出版专著 2 部（第一作者），授权国家专利 50 余项，登记软件著作权 5 项，荣获中国土木工程学会优秀论文奖、西南交通大学优秀博士论文。涉及高盐量含盐系地层隧道灾变防控理论（氯盐、膏盐、碳酸盐、岩溶）、富水复杂地质城市地铁风险控制理论（砂卵石、砂卵石-泥岩复合、岩溶）的相关研究成果获得中国岩石力学与工程学会、中国公路学会、中国铁道学会、中国交通运输协会、中国公路建设行业协会、中国施工管理协会等行业级科学技术进步奖，其中特等奖 1 项、一等奖 3 项、二等奖 5 项。

　　邹永木，高级工程师，现任成贵铁路有限责任公司副总经理。自工作以来，参加了成灌铁路、成蒲铁路、川藏铁路成雅段、新成昆铁路复线（成昆铁路扩能改造工程）米攀段及峨米段、成渝中线铁路建设管理。先后组织及参与了CRTSⅢ型轨道系统的设计与施工、攀西地区昔格达地层隧道建造、铁路预应力混凝土矮塔斜拉桥建造、富水砂化白云岩隧道建造、长大深埋隧道穿越岩溶地质施工、400km/h 高速铁路大跨度无推力组合拱桥施工、智能高铁 2.0 等关键技术研究。2021 年度荣获四川省国资委国有企业优秀共产党员，多项实用新型专利、外观设计专利推广应用，在省部级刊物独著、合著发表论文多篇。2022 年荣获詹天佑铁道科学技术创新奖。

　　齐永立，正高级工程师，中铁十六局集团第二工程有限公司副总经理、总工程师。现为中国岩石力学与工程学会锚固与注浆分会理事，天津市铁道学会理事，中国施工企业管理协会科技专家。长期致力于铁路、水利等工程的技术及项目管理工作，主持和参与了精霍铁路、兰新高铁、吴忠至中卫城际铁路、靖神铁路、成昆铁路等国家重点项目的建设与科技攻关，攻克多项行业技术难题，在长大复杂隧道建造领域取得突出成就。多项成果获詹天佑铁道科学技术奖、中国铁建股份有限公司科技进步奖、中国施工企业管理协会工程建设科学技术奖、中国铁道学会科技进步奖，授权国家专利20项，登记软件著作权3项，发表论文20余篇。先后荣获中国铁建股份有限公司"劳动模范"、中国建筑业协会"全国建筑业企业优秀项目经理"等荣誉。

　　李小兵，高级工程师，现任渝黔铁路有限责任公司副总经理。先后参加神延铁路、渝怀铁路、宜万铁路的施工组织和管理工作，以及成渝铁路客运专线、成贵铁路、成昆铁路扩能改造峨眉至米易段、重黔铁路、渝万高铁和成渝中线铁路的建设管理工作。研究解决了隧道穿越岩溶、突水突泥、涌水、瓦斯、采空区、断层破碎带、花岗岩蚀变、砂化白云岩、缓倾红层砂泥岩、软岩变形、硬岩岩爆等特殊地层施工难题，线路周边及隧道洞口高陡危岩、落石处理问题；参与了成贵铁路宜宾金沙江特大桥（公铁两用）、贵州鸭池河特大桥（拱桥）、成渝客运专线资阳沱江特大桥（拱桥）等特殊结构桥梁基础、上部结构设计、施工等关键技术研究；参与了渝怀铁路岩石边坡快速恢复植被的工程技术、阿蓬江大桥深水基础施工技术、宜万铁路齐岳山隧道长大坡度斜井施工的技术、成贵铁路玉京山隧道暗河岩溶大厅处理技术、宜宾金沙江公铁两用特大桥建造关键技术、成昆铁路富水砂化白云岩隧道建造关键技术、融合北斗技术的复杂艰险长大埋深隧道群铁路工程线施工安全管控系统等关键技术研究工作，并取得了良好效果。发表独著、合著论文多篇。2012年度荣获中华全国铁路总工会火车头奖章。

　　周跃峰，正高级工程师，中铁二院工程集团有限责任公司土建一院副总工程师。从事山岭隧道设计、研究工作27年，负责成兰铁路、玉磨铁路、新成昆铁路复线、贵南高铁、大瑞铁路、渝怀铁路、内昆铁路、洛湛铁路、遂渝铁路等多个重大项目的设计工作。主持"艰险困难山区高速铁路隧道关键技术研究——艰险困难山区高速铁路复杂地质隧道修建技术""特长多导洞硫化氢高瓦斯隧道施工关键技术"等多项科研课题研究。针对围岩大变形，提出了以加固围岩、控制松动圈发展为核心的主动控制理论，形成了成套核心技术，并在全路推广。提出了隧道活动断裂分节段设计方法，形成类脊柱仿生结构并成功应用。编写了散体结构构造软岩隧道微三台阶上部核心土施工等5项工法，入选省、部级工法。发表论文10余篇，成果授权国家发明专利30余项。多项成果获中国中铁股份有限公司、中国铁建股份有限公司、中国施工企业管理协会、中国铁道学会科技进步奖，四川省科技进步奖。先后荣获中华全国铁路总工会火车头奖章、四川省总工会优秀建设者、成都市"五一"劳动奖章、工人先锋号等荣誉。

前言

成昆铁路的建设被外国专家一度认为是在禁区修建铁路，它的建成被评为"象征二十世纪人类征服自然的三大奇迹"之一。新成昆铁路复线作为国家"一带一路"倡议中连接东南亚国际贸易口岸的重要通道、国家西部大开发的重点工程建设项目，沿线地质极其复杂，被称为"地质博物馆"。本书依托的工程项目是新成昆铁路复线唯一的洞内车站隧道——吉新隧道工程，该隧道全长17.6km，为极高风险隧道，穿越震旦系上统灯影组白云岩地层长近11km，这是铁路建设史上首次遇到白云岩砂化地层，是世界级难题。在中国国家铁路集团有限公司（以下简称"国铁集团"）组织下，吉新隧道施工方案调整论证历经"改线-盾构-分修-合修"达2年之久。在吉新隧道施工过程中，曾发生过数十次突水涌砂，最大一次涌突物方量达1万 m^3，堪称在"流沙中打隧道"。

为此，作者基于近十年的相关研究成果，系统开展了富水砂化白云岩隧道灾变控制理论研究与应用，探明了白云岩砂化机理和分级标准，揭示了砂化白云岩隧道涌突致灾机理，提出了砂化白云岩隧道稳定性评价方法，为砂化白云岩隧道灾害防控奠定了理论基础；提出了"以水而定、量水而行、分类施策"理念，研发了富水砂化白云岩隧道精准"探水"技术、靶向"泄水"技术、"分水"减压技术和注浆"堵水"技术，攻克了富水砂化白云岩隧道突水涌砂防治技术难题；提出了分层密排自进式中管棚的管幕超前支护隧道施工技术，创建了富水砂化白云岩隧道铣爆结合最优开挖工法，实现了富水砂化白云岩隧道的快挖、快支、快封闭施工效果。这些成果有效解决了隧道突水涌砂难题，突破了铁路修建禁区，全面应用于新成昆铁路复线吉新隧道、新越西隧道、邓家湾隧道等。成果的推广应用取得了显著的经济、社会效益，也为白云岩砂化突水涌砂灾变防控与治理提供了科学的理论依据和技术支撑。

本书提出了砂化白云岩隧道灾变控制创新理念，系统阐述了砂化白云岩隧道风险控制的理论与技术。全书共分为7章。第1章梳理了砂化白云岩的灾害特点及隧道致灾研究现状，第2章通过大量的试验揭示了砂化白云岩物理力学性质及砂化机制，第3章通过离散元与有限元等方法探明了富水砂化白云岩隧道掌子面灾变机制，第4章基于理论研究与室内模型试验开展了富水砂化白云岩隧道防突厚度研究，第5章介绍了富水砂化白云岩隧道释水降压技术，第6章通过室内模型试验与数值模拟深入探究了富水砂化白云岩隧道受力特征与加固技术，第7章提出了富水砂化白云岩隧道灾害控制对策。

全书由周平、邹永木、齐永立、李小兵、周跃峰编写，王志杰、刘志刚、贾涛、蒋学、赵晓彦、姜逸帆、毛邦燕、李开兰、王洋洋、鲜一丁、张慧玲、张广泽、李向东、张涛、周飞聪、吴凡、李金宜、杜逸文、林嘉勇、吕城、邓友权等参与了相关研究及编写工作。

本书是作者对砂化白云岩隧道灾变与防控方面研究成果的系统总结，在此感谢国家自然科学基金项目（52308416、52278417、52378416）、中国铁路总公司科技研究开发计划课题（P2018G048）、中国科协青年人才托举工程（2022QNRC001）、四川省科技成果转移转化项目（24ZHSF0121）、四川省科技计划项目（2024NSFSC7133）、中国博士后科学基金（2024T170746、2023M742899、2023M742898）、中央高校基本科研业务费（2682023CX014、2682024CX118）、西南交通大学新型交叉学科培育基金前沿科技培育项目（2682022KJ055）和兰州交通大学对口支援高校联合创新基金项目（2682023ZTZ009）等对相关研究开展提供的资金支持。此外，蒋仁国、黄华、王官、张利强、赖钧伟、王维、巩江峰、闵敏、蓝明辉、周胜贺、袁洪飞、田洪宁、刘勇、关钰荣、赵亢、宋洪江、杜春强、刘瑞麟、胡翔宇、杨森、牌立芳等也参与项目的研究工作，本书引用了相关科研课题的成果、团队研究生的科研资料以及国内外同行的相关成果及著作，在此一并表示感谢。

虽然作者在撰写过程中尽了最大努力，但由于水平和时间有限，错误和疏漏之处在所难免，敬请读者批评指正。

作　者
2024 年 6 月

目录

第1章　绪论 ··· 001
　1.1　问题背景 ··· 002
　1.2　富水砂化白云岩隧道致灾机制与风险控制研究现状 ····················· 009
　1.3　富水砂化白云岩隧道修建重难点 ··· 015

第2章　砂化白云岩物理力学性质及砂化机制 ·· 017
　2.1　白云岩砂化宏细观特征分析 ·· 018
　2.2　白云岩砂化前后物理力学性质差异 ·· 023
　2.3　白云岩砂化机制与分级 ··· 037

第3章　富水砂化白云岩隧道掌子面灾变机制 ·· 039
　3.1　基于极限平衡分析的掌子面稳定性分析 ···································· 040
　3.2　基于离散元的局部潜蚀隧道掌子面稳定性 ································· 051
　3.3　基于离散元-有限元耦合的掌子面稳定性 ··································· 061

第4章　富水砂化白云岩隧道防突厚度研究 ··· 069
　4.1　砂化白云岩地层突涌致灾构造分析 ·· 070
　4.2　砂化白云岩地层突涌致灾机制分析 ·· 073
　4.3　富水砂化白云岩隧道临界防突厚度分析 ···································· 083

第5章　富水砂化白云岩隧道释水降压技术 ··· 091
　5.1　富水砂化白云岩地层超前降水控制模型试验 ······························ 092
　5.2　富水强砂化白云岩隧道超前排水管适用性 ································· 098
　5.3　富水强砂化白云岩隧道洞周径向排水技术 ································· 106

第 6 章 富水砂化白云岩隧道受力特征与加固技术 … 123

6.1 不同砂化区域白云岩隧道衬砌力学响应分析 … 124
6.2 多因素影响的砂化白云岩隧道衬砌受力特征 … 136
6.3 富水砂化白云岩隧道洞周加固技术研究 … 155

第 7 章 富水砂化白云岩隧道灾害控制对策 … 165

7.1 富水砂化白云岩隧道施工灾害防治原则 … 166
7.2 超前预报技术 … 167
7.3 排水降压技术 … 173
7.4 精准注浆技术 … 174
7.5 敏捷管控技术 … 176

参考文献 … 187

第 1 章 绪　论

1.1 问题背景

1.1.1 工程简介

随着我国经济的飞速发展，既有成昆铁路已经不能满足我国西南地区经济建设需要。新建成昆铁路复线即成昆铁路扩能工程将在一定程度上缓解西南地区交通能力弱的问题，为西南地区经济建设提供强有力的支持。其中，吉新隧道为成昆铁路复线的控制性工程。

吉新隧道位于四川凉山彝族自治州甘洛县至越西县境内，进口里程 D2K298+490，出口里程 D2K316+117，隧道左线全长 17607.3m，右线绕行段长 1654m。隧道纵坡为单面上坡，最大坡度为 12.6‰，进口段设置漫滩站（越行站），车站范围为四线双洞分修，其余段落为单洞双线。全隧辅助坑道设置有 1 座进口平导、5 座横洞及 1 座斜井。

隧道洞身穿越玄武岩、灰岩、砂岩、泥岩、白云岩、白云质灰岩等 20 套地层，并以白云岩地层为主。地质勘探结果显示，隧道穿越的白云岩段长 10280m，占全线长度的 58.3%，其中砂化段长 1620m，占白云岩段的 16.2%，如图 1-1 所示。隧址区域受普雄—牛日河活动性断裂带影响，段内岩层代表产状为 N27°W/N32°NE 及 N-S/45°E。受构造影响，围岩节理较发育，段内主要发育有两组裂隙：N35-70°W/40-85°NE 与 N10-70°E/50-85°NW。一般节理间距为 0.1~1.0m，为微张至宽张型，少量充填，延伸性较好。区域内发育 3 条断层，分别为桥勒莫逆断层、普雄—牛日河活动性断裂、竹尔沟平移断层。隧道为极高风险隧道，面临的不良地质包括岩溶、活动性断裂、泥石流、瓦斯、高地应力及岩爆，其中白云岩地层段多次发生涌水涌砂。基岩裂隙水主要赋存于白云岩、砂岩及断层破碎带、断层影响带的裂隙中，水量较大，地下水发育，还存在部分岩溶水。

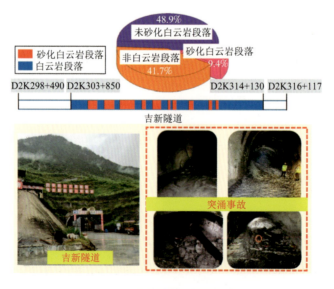

图 1-1 吉新隧道地层及突涌事故

1.1.2 吉新隧道掌子面白云岩砂化特征

分别对吉新隧道多个掌子面进行现场调研取样，选取不同砂化程度的典型白云岩岩块进行取样分析。

掌子面 1 揭示情况如图 1-2 所示，此段开挖揭示的掌子面基本处于无水状态，白云岩岩块相对完整，掌子面存在"X"状主节理面，溶蚀基本仅存在于主节理面及少量小裂隙，将掌子面分割为 0.4~0.8m 的基本完整岩块，岩块表现较为新鲜，击打不会破碎，岩块颜色未变，孔隙率小，结构密实。爆破后岩样表征为完整岩块，稳定性很好。

图 1-2　掌子面 1 揭示情况

取回的岩样如图 1-3 所示，岩块基本完整，无肉眼可见的深部裂缝，内部夹杂少量封闭的白色偏透明晶体，滴稀盐酸后起泡，推断为未交代完成的方解石，表明岩块形成后内部基本未处于含水环境，进而推断此处掌子面周围基本无水，且岩块完整性好，渗透性较低，这与现场揭示的含水情况一致，即现场较为干燥，开挖出的围岩仅湿润。

图 1-3　掌子面 1 岩样

掌子面 2 揭示情况如图 1-4 所示，此段开挖揭示的掌子面裂隙相当发育，基本已经无法分清主裂隙，裂隙方向无规律性，遍布掌子面，掌子面基本被划分为 0.1~0.2m 的岩块，裂隙宽度明显增大，裂隙贯穿性好，多呈现白色，表面可以剥落出白云岩晶体块。

取回的岩样如图 1-5 所示，岩样敲击振动后容易散落，破碎后呈 0.5~2cm 大小，晶体块相对完整，呈现棱角分明的长方体形状，具有明显的层状结构，表面干燥后有白色粉末，即原岩样缝隙间填充少量白色粉末，考虑为白云岩砂化后流失的白云岩粉，是白云岩砂化溶蚀在其他位置沉淀的产物。

图 1-4 掌子面 2 揭示情况

图 1-5 掌子面 2 岩样

掌子面 3 揭示情况如图 1-6 所示，此段开挖揭示的掌子面被裂隙分成白云岩的岩块现象基本消失，掌子面白云岩孔隙特征明显，经开挖扰动后即自行松散一定深度，掌子面暂时稳定的岩体也是极易剥落，手捏即碎，岩体主要由溶蚀后残留的白云岩砂及未砂化完全的小石块组成。

图 1-6 掌子面 3 揭示情况

取回的岩样如图 1-7 所示，由图 1-7 可以看出，除去未砂化的小石块，这种砂化程度的白云岩基本呈现为白云岩砂，由于溶蚀后的胶结物残留，部分存在砂团情况，但仍是"手捏即碎"，其特征为孔隙率显著增大、渗透性强，捏碎后揭示为白云岩砂和白云岩粉混合，存在弱胶结作用。

图 1-7　掌子面 3 岩样

岩石样本及洞内流出水样如图 1-8 所示,地下水为 HCO_3^-、SO_4^{2-}-Ca^{2+}、Mg^{2+} 型水,属于典型岩溶水,白云岩岩性分析表明,该区白云岩受风化侵蚀可能性低,主要为岩溶溶蚀作用。

图 1-8　地下水采样分析

1.1.3　白云岩砂化定义

通过地表地质调查及吉新隧道掌子面开挖揭示,结合现有研究,总结吉新隧道白云岩砂化的重要特征如下:

(1)地表出露岩层未见风化岩体变色、结构变化等基本特征,如强风化层的风化晕,因此白云岩为砂化不是风化。

(2)白云岩溶蚀砂化应归类为一种极为特殊的岩溶现象。该作用会降低岩石强度,在岩体中形成大量孔隙,但能保证岩体的完整性。

(3)白云岩砂化与地下水发育程度密切相关,基岩裂隙水发育的地段,砂化程度越高,围岩稳定性越差;砂化段长度分布不均,分布部位杂乱,无明显规律性;砂化形态多为"囊状",空间分布无规律性。

因此,白云岩砂化有如下现象级的定义:白云岩砂化是一种特殊的岩溶现象,白云岩经过溶蚀作用后岩体强度逐渐降低,在岩体中形成大量孔隙,但能保证岩体的完整性,经扰动后易松散,变为白云岩砂、粉混合物。全强砂化白云岩如图 1-9 所示。

图 1-9 全强砂化白云岩

1.1.4 灾害概况

吉新隧道 1~3 号横洞施工范围均位于震旦系上统灯影组($Z_b d$)白云岩地层。根据围岩揭示情况可知,该地层白云岩富水且呈现不同程度的砂化现象。在地表持续降雨的影响下,渗透压力作用下诱发掌子面涌水涌砂。吉新隧道自开工以来发生过大型涌水涌砂 10 余次,最大涌砂量达 10000m^3。各涌水涌砂情况如下:

(1)2017 年 9 月 16 日,吉新隧道 2 号横洞 H2DK0+225 掌子面突发涌水涌砂(图 1-10),并夹杂少量块石,瞬时涌水估测流量约 9m^3/s,突涌至 H2DK0+725 位置,方量约 10000m^3。突涌后现场立即进行掌子面封堵,采取绕行方案。

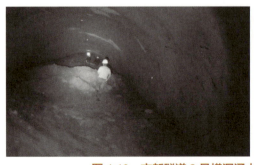

图 1-10 吉新隧道 2 号横洞涌水涌砂(2017 年 9 月 16 日)

(2)2017 年 11 月 4 日,吉新隧道 1 号横洞掌子面掘进到 H1DK0+810 时,左上侧出水,随后拱顶掉块严重发生突涌(图 1-11),陆续三次涌出量约 1500m^3,掌子面出水量约 700m^3/d。

图 1-11　吉新隧道 1 号横洞涌水涌砂（2017 年 11 月 4 日）

（3）2018 年 8 月 1 日，吉新 1 号横洞掌子面开挖至里程 H1DK0+808，拱顶偏右侧涌水涌砂，涌出量约 300m³；2018 年 8 月 21 日，清渣至里程 H1DK0+815，拱顶偏右侧再次涌水涌砂（图 1-12），方量约 200m³。突涌后现场立即对掌子面进行回填反压，用混凝土封堵掌子面。

图 1-12　吉新隧道 1 号横洞涌水涌砂（2018 年 8 月 1 日）

（4）2020 年 7 月 12 日，吉新隧道 1 号横洞掌子面施工至 H1D2K0+019.2，发生涌水涌砂（图 1-13），涌出量约 500m³。突涌后现场立即进行掌子面封堵，采取绕行方案。

图 1-13　吉新隧道 1 号横洞涌水涌砂（2020 年 7 月 12 日）

（5）吉新隧道 1 号横洞在 7 月 12 日发生涌水涌砂后，采取迂回方案，于 H1D2K0+056.2 位置进行迂回，与正洞左中线相交于 D4K309+520，在迂回施工中，2020 年 7 月 22

日晚 11 点，掌子面施工至 H1D2K0 + 034.4，发生了溜塌，方量约 700m³（图 1-14）。

图 1-14　吉新隧道 1 号横洞涌水涌砂（2020 年 7 月 22 日）

（6）2021 年 1 月 10 日，吉新隧道 1 号横洞正洞掌子面里程为 D4K304 + 374，开挖揭示为中厚层状白云岩夹白云质灰岩，拱顶上方发生涌水涌砂（图 1-15），突涌量约 500m³。

图 1-15　吉新隧道 1 号横洞正洞 D4K304 + 374 掌子面涌水涌砂（2021 年 1 月 10 日）

（7）吉新隧道 2 号横洞正洞掌子面里程为 D4K307 + 375，开挖揭示为块层状白云岩，围岩具碎裂～散裂结构，扰动后呈碎石角砾状，自稳性较差。2020 年 11 月 29 日、2020 年 12 月 16 日、2021 年 3 月 5 日，2 号横洞先后三次发生涌水涌砂（图 1-16），最大方量约 12000m³。

图 1-16　吉新隧道 2 号横洞正洞 D4K307 + 375 掌子面涌水涌砂

（8）吉新隧道 3 号横洞正洞掌子面里程为 D4K308 + 499，开挖揭示为白云岩，2021 年 1 月 12 日，拱顶右侧发生涌水涌砂（图 1-17），涌出量约 600m³。

图 1-17　吉新隧道 3 号横洞正洞 D4K308 + 499 掌子面涌水涌砂（2021 年 1 月 12 日）

（9）吉新隧道 1 号横洞正洞掌子面里程为 D4K305 + 375，开挖揭示为白云岩，掌子面中部、两侧都有超前水平钻孔，钻进正常，未发现有突涌征兆。2021 年 8 月 18 日，拱部开始溜塌，2021 年 9 月 12 日，从拱部位置管棚间隙中开始流砂，发生突涌，涌出方量约 500m^3，第二天覆盖的掌子面拱部被水冲开形成流水洞（图 1-18）。

（10）吉新隧道 2 号横洞工区正洞掌子面里程为 D4K307 + 573，开挖揭示为白云岩，围岩极破碎，2021 年 10 月 27 日拱部发生溜塌及涌水涌砂（图 1-19）。

图 1-18　吉新隧道 1 号横洞工区正洞 D4K307 + 375 掌子面涌水涌砂（2021 年 9 月 13 日）

图 1-19　吉新隧道 3 号横洞工区正洞 D4K308 + 499 掌子面涌水涌砂（2021 年 10 月 27 日）

通过分析突涌事故，可以发现富水砂化白云岩隧道涌水涌砂大多集中在拱部，围岩条件破碎，自稳能力差，在施工扰动下易呈碎石状。同时涌水涌砂大多初期表现为溜坍或者流砂，逐步发育为涌砂。富水砂化白云岩地层由于极差的自稳能力，当发生局部的能量释放时，极其容易诱发更大范围围岩的失稳，因此也造成了富水砂化白云岩地层涌水涌砂规模较大的情况，导致施工难以控制。

1.2　富水砂化白云岩隧道致灾机制与风险控制研究现状

1.2.1　砂化白云岩隧道灾害事件概述

砂化白云岩隧道在修建极易引发工程灾害，在已有的工程案例中，除了成昆铁路复线吉新隧道，董家兴[1]针对滇中引水工程中出现的砂化白云岩地层事件进行了统计，在此基础上，对国内的砂化白云岩隧道施工案例进一步统计，结果见表1-1。

部分典型砂化白云岩地层隧洞灾害统计 表1-1

隧洞名称	桩号	地层年代	发生部位	灾害类型	地下水条件	地质构造	砂化等级
滇中引水工程扯那苴隧洞	YX47+351.8	$Z_b dn$	拱顶	塌方	弱		强烈夹剧烈砂化
	YX47+351.8	$Z_b dn$	右边墙	塌方	弱		强烈夹剧烈砂化
	YX47+365.4	$Z_b dn$	拱顶	塌方	弱		剧烈夹强烈砂化
	YX48+443.8	$Z_b dn$	掌子面	塌方	中等	断层	强烈夹剧烈砂化
	YX48+499.6	$Z_b dn$	拱肩	涌水涌砂	强		强烈夹剧烈砂化
	YX48+519.0	$Z_b dn$	掌子面	涌水	强		强烈夹剧烈砂化
	YX48+519.0	$Z_b dn$	拱顶	塌方	强		强烈夹剧烈砂化
	YX51+715.7	$Z_b d$	掌子面	涌水	强	断层	
	YX51+703.7	$Z_b d$	拱肩	涌水	强	断层	
	YX51+678	$Z_b d$	掌子面	涌水	强	断层	
	YX49+059	$Z_b d$	掌子面	涌水涌砂	强	断层	强烈砂化
	YX49+026～YX49+031	$Z_b d$	掌子面	涌水	中等	断层	强烈砂化
	YX49+061	$Z_b d$	右边墙	涌水涌砂	弱		强烈砂化
	YX49+06	$Z_b d$	掌子面	涌水涌砂	弱	断层	强烈砂化
	YX49+064	$Z_b d$	右拱肩	涌水	强	断层	强烈砂化
	YX48+469.0～YX48+415.6	$Z_b dn$	左侧拱顶	涌水涌砂	强	断层	强烈夹剧烈砂化
滇中引水工程扯那苴1号支洞	Z0+166.2	$Z_b dn$	拱顶	塌方	无	砂化条带	强烈砂化夹剧烈砂化条带
	Z0+187	$Z_b dn$	拱顶	塌方	无	砂化条带	强烈砂化夹剧烈砂化条带
	Z0+386.8～Z0+390.0	$Z_b d$	右边墙	涌水涌砂	强	断层	强烈夹剧烈砂化
	Z0+386.8～Z0+390.0	$Z_b d$	拱顶	涌水涌砂	强	断层	强烈夹剧烈砂化
滇中引水工程小扑隧洞	YX6+747.0～YX6+745.8	$Z_b d$	掌子面	涌水涌砂	强		强烈夹剧烈砂化
	YX6+747.0～YX6+745.8	$Z_b dn$	右边墙	塌方	强		剧烈夹强烈
	YX6+595.2	$Z_b dn$	右侧拱肩	涌水涌砂	强	断层	剧烈夹强烈
	YX6+766.8	$Z_b dn$	右侧拱顶	塌方	强	断层	剧烈砂化
	YX6+763.2	$Z_b d$	左侧拱肩	塌方	强	断层	剧烈砂化
	YX7+023.0	$Z_b d$	左边墙	涌水涌砂	强	砂化条带	弱夹强烈剧烈砂化条带
	YX7+427.9～YX7+495.9	$Z_b dn$	左拱顶	涌水涌砂	弱～中等	断层	剧烈砂化

续上表

隧洞名称	桩号	地层年代	发生部位	灾害类型	地下水条件	地质构造	砂化等级
滇中引水工程小扑隧洞	YX24+089.9	$Z_b$dn	拱顶	涌水涌砂	弱~中等	砂化条带	强烈夹剧烈砂化条带
	YX24+042.0~YX24+043.5	$Z_b$dn	左边墙	塌方	弱~中等	砂化条带	强烈夹弱+剧烈砂化条带
	YX6+789.0~YX6+790.2	$Z_b$dn	左边墙	涌水涌砂	强	断层	弱夹剧烈砂化条带
	YX7+495.9~YX7+511.5	Z_bd	左边墙	塌方	强	断层	剧烈砂化
	YX8+222.9	$Z_b$dn	左侧拱肩	涌水涌砂	弱~中等		强烈夹剧烈砂化
滇中引水工程老尖山隧洞	YX45+426.5	Z_bd	拱顶	塌方	弱		强烈砂化
	YX45+290.5~YX45+274.9	Z_bd	拱顶	塌方	无	断层	弱砂化
滇中引水工程螺峰山隧洞	YX73+805.6~YX73+790.6	Z_bd	拱顶	涌水	强	向斜	强烈夹剧烈砂化
	YX74+691067~YX74+624.467	$Z_b$dn	拱顶	塌方	无	层间裂隙	强烈砂化
	YX74+624.467~YX74+532.667	$Z_b$dn	拱顶	塌方	无	层间裂隙	强烈砂化
	YX74+532.667~YX74+464.467	$Z_b$dn	拱顶	塌方	无	层间裂隙	强烈砂化
滇中引水工程松林隧洞[2]	SLT1+126~SLT1+128	$Z_b$dn	拱肩	涌水涌砂	强	断层	
	SLT1+471~SLT1+474	$Z_b$dn	拱顶	塌方	强	裂隙	弱砂化
	SLT1+471	$Z_b$dn	掌子面	涌水涌砂	强	裂隙	
成昆铁路复线吉新隧道	H2DK0+225	Z_bd	掌子面	涌水涌砂	强	裂隙	
	H2DK0+225	Z_bd	拱肩	涌水涌砂	强	裂隙	
	H1DK0+810	Z_bd	掌子面	涌水涌砂	强	裂隙	
玉蒙铁路秀山隧道[3-5]	PDK34+570	Z_bd	拱顶	涌水涌砂	强	背斜	
	PDK29+203	Z_bd	拱肩	涌水涌砂	强	岩溶管道	
	PDK36+050	Z_bd	掌子面	涌水涌砂	强		
	PDK34+377	Z_bd	掌子面	涌水涌砂	强		
	PDK35+769	Z_bd	掌子面	涌水涌砂	强	单斜裂隙	
	PDK29+467	Z_bd	掌子面	涌水涌砂	强	断层	
	PDK32+772	Z_bd	左侧边墙	涌水涌砂	强	向斜	
营盘山隧道[6]	D2K169+023~D2K169+195	Z_bd	左侧边墙	塌方	强	岩溶	强烈砂化
营尔岭隧道[7]	YK102+968.000~YK103+073.000	Z_bd	左侧拱肩	涌水涌砂	强	岩溶	强烈砂化

通过案例统计可以发现砂化白云岩地层的出现伴随着地质构造作用的影响,一般处于断层、裂隙发育区域以及岩溶等不良地质中,强烈砂化白云岩地层围岩自稳能力弱,隧道开挖后容易引发塌方,富水条件下则容易诱发涌水涌砂事件,同时对于支护结构强度也提出了更高的要求,极易引发支护破坏。因此,砂化白云岩地层对于隧道工程属于强致灾源。

1.2.2 砂化白云岩地层致灾机制研究

（1）白云岩砂化

白云岩的成因与白云岩砂化息息相关,只有对其成因深入了解,才能更好地解释其砂化机理。从 20 世纪中叶开始就有学者对白云岩的成因进行了相关研究,并提出了不同的形成模式[8-13]。不同模式的内涵基本一致,认为白云砂化是次生交代作用,即特定水文条件下的钙质碳酸盐和富镁流体反应,次生交代直接导致了白云岩较大的孔隙率[14-15]。

白云岩砂化是一种特殊的岩溶现象,国内外学者主要对其溶蚀特性进行了相关研究。Murphy[16]对英国利兹东部的岩溶现象进行了调研,发现白云岩的溶蚀以小型孤立的落水洞为主。张之淦[17-18]对广西白云岩喀斯特地貌进行了研究,认为白云岩溶蚀以晶孔、溶孔和孔洞为主,溶洞发育程度低。Lund 等[19]通过白云岩的盐酸溶解试验发现氢离子会吸附于白云石表面并与其发生反应。翁金桃[20-22]通过对桂林附近的碳酸盐岩进行成分分析和溶蚀试验,发现方解石溶蚀速率大于白云石,溶蚀速率主要受方解石和白云石相对含量、结构构造等因素影响。Zhang 等[23]对不同粒径的白云石进行了水解动力学试验,发现随温度升高,白云石溶解速率先增后减,且不同粒径最高溶解速率对应的温度不同。Xiao 和 Li[24]对灰岩和白云岩进行了溶蚀试验,认为白云岩比灰岩更易溶蚀形成孔隙或空洞。何文秀[25]和冯卫等[26]基于坪头水电站白云岩的溶蚀特征和发育规律首次提出白云岩砂化的概念。随后,胡相波、张海泉、张良喜等[27-31]依托坪头水电站工程,进一步总结了白云岩砂化宏观特征和微观机理,并提出白云岩砂化分级,对不同等级的砂化白云岩进行了力学参数测定。

国内外学者对白云岩成因的研究已较为透彻,但白云岩砂化研究进展较缓,目前主要针对其溶蚀特性和溶解速度进行研究,而对砂化白云岩的工程特性研究较少,尚不能应用于实际工程。

（2）涌水涌砂致灾机理

涌水涌砂致灾机理研究作为涌突水相关研究的基础。涌水涌砂的特性和规模受致灾构造的地质特征影响很大。不同灾害源的赋存类型以及隔水岩体的地质特征影响了涌水涌砂的发生模式。因此众多学者从灾害源和隔水岩体的研究出发,对不同类型的致灾构造以及其涌水涌砂机制进行分析。

水的赋存形式对隧道的涌水涌砂影响巨大,刘光亚[32]总结了基岩地下水的分布和埋藏特征,提出透水带、隔水岩层、透水边界三个要素组成了蓄水结构,并将蓄水构造分为 6 类 15 型。对于岩溶地质的蓄水结构,张之淦[33]通过对广西来宾小平阳地区的广泛调研,提出了断裂带、山前排泄带等8种不同类型的岩溶含水构造以及不同构造的含水特点。韩宗珊[34]将我国湘西黔东地区岩溶富水构造分为褶皱富水构造、断裂富水构造、阻水富水构造、结构面富水构造4种类型。钱学薄[35]将岩溶蓄水构造分为裂隙岩溶蓄水构造、断层岩溶蓄水构造等8种不同类型的构造，给出了不同蓄水构造的供水特征。华兴等[36]以思南县塘坝流域为例，揭示出裂隙-溶洞型储水，地下水以集中管道流的形式赋存、运移，同时地下水受大气降水补给。总体来说，虽然岩溶地质条件下，蓄水构造多样，但均由含水层、隔水层组成的蓄水区域，以及地下水组成的补给来源和补给路径。

在对蓄水模式的研究基础上，众多学者对涌水涌砂的模式进行了分析。其中，张民庆[37]等总结了圆梁山隧道泥沙型、粉细砂型、黏土型三类填充介质以及不同富水条件下的突涌形式。王建秀[38]总结工程中遇到的突涌事故，把突涌分为渗水型、施工揭露充水岩溶管道网络型等5种类型。李术才[39]通过总结221例突涌灾害案例，将涌水涌砂致灾构造划分为岩溶类、断层类、其他成因类三大类以及衍生的11种形式，并提出4种典型的隧道涌水涌砂孕灾模式。

在提出不同突涌模式的同时，众多学者针对突涌的发生机理也展开了细致的研究。蒋建平等[40]总结充足的水源以及顺畅的通道是隧道突水的关键因素。对于岩溶类型的突涌模式，莫阳春[41]通过理论推导等手段分析了高水压溶腔下岩体的失稳机理，提出隔水岩体欠厚下的突水破坏以及高水压作用下裂隙岩体水力致裂两种机理；Yang等[42]通过流固耦合模型试验系统对富水溶腔的突涌过程分为少量渗水、形成水流、支撑膨胀、支撑块部分坠落、支撑块完全坠落、涌水六个阶段。Meng等[43]利用室内模型试验的方式对填充型管道的渗透破坏机理进行了研究，提出渗流造成的颗粒损失削弱了隔水层的承载力，随着渗流损失的进行，涌水量增大最终导致渗流破坏。周宗青等[44]采用DEM-CFD模型（计算流体动力学-离散元方法模型）对渗透破坏机理做了更进一步的研究。黄鑫[45]则对岩溶隧道直接揭露型、渐进破坏型、渗透失稳型和间歇破坏型的机理进行了分析。对于断层类型的突涌模式，黎良杰等[46]通过理论分析得到张开型断层是在水压作用下，断层受到渗透冲刷导致突水，而闭合型断层的突水机理是断层两盘的接触部产生了强度破坏。李利平等[47]基于应力-渗流-损伤耦合效应对导水断层和非导水断层的突水机理进行了分析。李玉生等[48]通过模型试验，发现断层破碎带导致的突涌以揭示型为主，突涌机理为水对断层的物理化学弱化和渗流诱发通道扩展两个方面。Wu等[49]通过数值模拟总结出煤矿开采中顶板与底板的突水是含水层、断层破碎带以及顶板或底板的隔水岩柱受扰动等影响联通后引发的结果。对于其他类型的涌突水模式，Yuan[50]和Liu等[51]对风化花岗岩地层的涌突水分析，揭示出地表降水的直接补给，以及风化花岗岩的透水性和低稳定性导致在加固措施不到位时容易发生突涌。韩海军[52]结合工程实际，发现两种围岩的不整合接触带处围岩破碎，为地下水的汇集和流动提供了良好的条件，因此当隧道开挖揭示后，会诱发涌水事故。

针对隧道突涌的研究，众多学者对蓄水结构、涌突水发生模式以及涌突发生机制与原因进行了分析总结。但是由于地质的多样性与复杂性，为涌突水的机制分析带来了极大的困难。富水砂化白云岩这一特殊的岩溶现象导致的突涌机制目前还未探明，富水砂化白云岩的涌突水机制重点在于揭示蓄水结构以及地下水的来源与通道，同时结合富水砂化白云岩地层地质特征对其致灾结构的分析，并在此基础上分析突涌的发生机制。

1.2.3 砂化白云岩隧道涌水涌砂防治技术研究

隧道涌水涌砂的防控需要对可能产生涌水的地段采取合理的措施进行提前干预，实现对涌水涌砂的及时控制。隧道灾害源发育情况、位置以及富水情况的提前预测对于涌水涌砂的风险评估、防治措施的制定具有重要意义。国外很早就开展了矿井开采和地下工程开发中的超前探测，其间诞生了 TSP（地震波反射法）技术、地质雷达设备等，在很大程度上促进了突涌致灾体探测技术的发展[53-55]。20 世纪 80 年代之前，我国主要以超前水平钻等钻探技术进行超前探测，20 世纪 80 年代后，我国工程技术人员逐步将物探技术应用于工程实践中。超前地质预报物探一般采用 TSP 和地质雷达的物探方法进行探测，在岩溶发育地段或突涌地段采用瞬变电磁法和红外测水法进行探测。舒森[56]、朱保健[57]、韩侃等[58]对于 TSP 技术在隧道探测作业中的使用和数据处理方法进行了探索。樊浩博等[59]、万千里[60]、李玮等[61]对地质雷达探测岩溶的方法进行了探究，并在工程实际使用中得到了较好的验证。薛国强等[62]、李飞等[63]、李世聪等[62-64]对瞬变电磁法的探测原理以及在工程中的应用、结果处理方法进行了深入探究。吕桥森等[65]、刘赟君等[65]对红外探水技术在岩溶隧道识别水源时的数据处理方法以及使用方式进行了实践性探究。随着我国隧道领域科研工作者的不断努力，物探技术在岩溶隧道中的应用以及处理已经非常成熟，但是单一的探测技术难以满足对于隧道的探测要求，在实际工程中需要多探测技术的配合进行探测。圆山梁隧道在修建过程中采用了 TSP、红外探测、地质雷达、HSP（超前地质预报）、常规地质分析和超前水平钻孔法，通过多种方法间的相互补充与证明，实现了较高的探测精度[67]。李术才等[68]结合各探测手段的特点，为了实现结果的互补，提高探测结果的精度，提出了综合地质预报方法以及四色预警机制。Chen 等[69]则探究了物探与钻探技术相互验证的综合探测手段，以提高探测准确性。

合理使用综合地质预报技术，可以实现对岩溶隧道灾害源的预测与定位。对于灾害源的治理，"疏水降压"和"注浆堵水"一直是重要的处理措施。在宜万铁路的建设过程中，工程现场采用管棚注浆，超前周边注浆对岩溶填充物进行加固，并通过钻孔进行释放压力[70]。云雾山隧道结合了宜万隧道处理高压溶腔的经验，总结了锁定溶腔、打开溶腔、处理溶腔的释能降压方案，取得了良好的控制效果[71]。李雄周等[72]在高速隧道建设过程中采用超前局部断面帷幕注浆＋超前预支护＋旋喷桩基底加固＋衬砌结构加强＋防排水体系的组合控制技术对岩溶段落进行处理。何桥等[73]在岩溶隧道建设中采用引排泄压反堵法，止浆墙结合轴向、径向封堵法，超前预灌浆法对高压水进行处理，实现了良好的控制效果。

周思峰等[74]在新疆东天山特长隧道建设中,探讨了"上堵下排、泄水降压"注浆加固施工技术,应对高压富水断层时的效果,保障了隧道的顺利通过。罗昊等[75]在重庆市市郊铁路隧道的建设中,探讨了帷幕注浆技术在砂化白云岩地层应用时,注浆压力、注浆材料、注浆厚度和注浆工艺对加固效果的影响,并总结了注浆方法。

综上所述,对于岩溶隧道的突涌防控,超前预报技术是基础,泄水降压技术是核心。针对不同岩溶类型的特点,制定合适的超前预报措施,以及灾害源的处置技术,实现"对症下药",才能最大程度实现控制措施效果。因此,对富水砂化白云岩隧道而言,施工时应该结合砂化白云岩特点、分布特征以及砂化白云岩灾变机理,制定针对性的超前预报策略以及砂化灾害源处置对策。

1.3　富水砂化白云岩隧道修建重难点

(1)富水砂化白云岩由于在地层中分布没有规律,并且存在规模差异性较大的特点,因此使得隧道修建过程中对于砂化白云岩地层的精准探测成为了关键点。现有的预报措施对于断层以及富水段落已经有了较好的预报效果,但是对于分布规模不同且在地层中不均匀分布的砂化白云岩地层,仍然需要探索一套可行的超前地质预报方法。

(2)由于砂化白云岩地层的强致灾性,隧道揭示出砂化白云岩地层后,灾害发生概率高,且灾害规模各不相同,并且灾害发生后处置难度大。但是目前缺乏对砂化白云岩的工程特性揭示,对砂化白云岩地层致灾机制的认识不足,难以评判砂化白云岩地层施工灾害发生风险。同时缺乏针对性的控制性措施使得灾害防治工作效果甚微。

第 2 章

砂化白云岩物理力学性质及砂化机制

2.1 白云岩砂化宏细观特征分析

2.1.1 白云岩砂化宏观特征

白云岩砂化的宏观机理可以明显地从掌子面揭示上看出，白云岩的宏观砂化过程主要分为四个阶段，其中前三个砂化阶段与1.2.1节提及的三种砂化等级对应，轻度砂化阶段过后的产状为轻度砂化白云岩，中度阶段过后的产状是中等砂化白云岩，严重砂化阶段后的产状是严重砂化白云岩，最后一个砂化阶段是严重砂化白云岩继续砂化潜蚀的产物，这个阶段白云岩将完全失去白云岩块状结构，成为白云岩砂和白云岩粉的弱胶结物，在发育的地下水中容易产生潜蚀。潜蚀阶段的白云岩在隧址区掌子面有发现，但只会存在于局部范围，考虑到对掌子面稳定的影响，仍然将其归于严重砂化白云岩的等级。下面分析各砂化阶段的机理：

（1）轻度砂化阶段

白云岩的第一个砂化阶段为轻度砂化阶段，经历这个阶段后白云岩由新鲜转为轻度砂化，如图2-1所示。

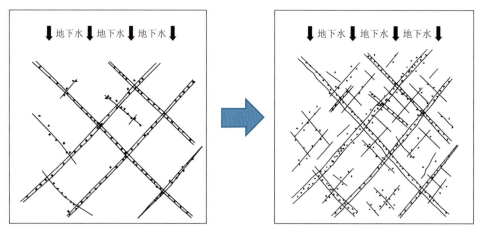

图2-1 白云岩轻度砂化阶段

新鲜的白云岩通常存在"X"状的初期节理裂隙，这为地下水的初始渗透及流动提供了原始通道，此外还存在基本上封闭的次生裂隙，地下水主要沿着初期节理裂隙呈浸漫式流动，并且由于水压作用在次生裂隙中存在驻留，流动的岩溶水主要对裂隙两侧的白云岩进行浅层的溶蚀，表现为在裂隙的两个表面产生一层薄薄的砂层，节理裂隙宽度增大，水流流动更为畅通。由于水的流动、离子的交换，驻留在次生裂隙中的岩溶水也逐渐溶蚀扩大次生裂隙，甚至有些许能够互相贯通或者与初始节理裂隙贯通。此外，由于水压力和初始地应力的致裂力学作用，会正交于主节理裂隙和次生裂隙产生更多的新裂隙，其大小小于次生裂隙，但数量将数倍增大，整体上来看形成了初步的裂隙网络。岩体强度降低，但外观仍然能够呈现为基本完整岩块。

（2）中等砂化阶段

白云岩的第二个砂化阶段为中等砂化阶段，经历这个阶段后白云岩由轻度砂化转为中等砂化，如图2-2所示。

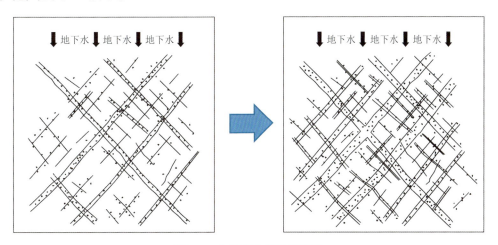

图 2-2　白云岩中等砂化阶段

轻度砂化的白云岩由于化学溶蚀和力学作用产生了大量微小裂隙，形成了初步的裂隙网格，这使得地下水在岩体中的流动更为顺畅，此时的地下水能够很快地带走溶蚀后的钙离子和镁离子。随着溶蚀的继续进行，初步的裂隙网络更为发育，此时裂隙基本上均能与相邻裂隙通过下一级裂隙连通，地下水能够实现选择性流动，从而形成选择性溶蚀。这里的选择性溶蚀是由流体的供给能力决定的，主要体现在两个方面：岩体本身破碎松散的部位如大裂隙、机械破碎处更容易溶蚀；多组裂隙交汇处溶蚀作用更强烈。围岩强度降低明显，完整性较差，完整岩块被划分为网格状的小岩块。

（3）严重砂化阶段

白云岩的第三个砂化阶段为严重砂化阶段，经历这个阶段后白云岩由中等砂化转为严重砂化，如图2-3所示。

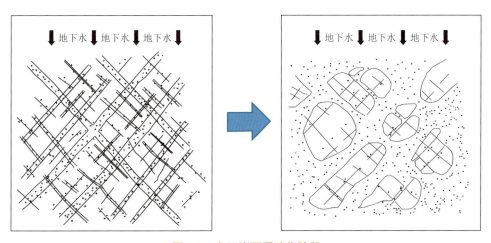

图 2-3　白云岩严重砂化阶段

中等砂化的白云岩形成了基本完整的裂隙体系，使得岩体开始进行选择性溶蚀，随着选择性溶蚀的继续进行，白云岩内部裂隙发育完全，渗透性大大提高，地下水流动较为自由，甚至在局部能够达到紊流，岩体强度降低明显，骨架基本消失，机械破坏开始起到明显的溶蚀促进作用，大量弱骨架被破坏，岩样抵抗流体冲刷的作用大大减小，逐渐开始有细小颗粒被动水从原处带动挟裹，并在流速降低处沉淀，裂隙中填充大量白云岩砂和白云岩粉的混合物，呈一定的弱胶结状态。

（4）潜蚀阶段

白云岩的最终砂化阶段为潜蚀阶段，经历这个阶段的白云岩由严重砂化的状态进一步劣化，如图 2-4 所示。由于白云岩溶蚀的均匀性，不易产生大型的管道或者溶腔，经历潜蚀的白云岩一般只会发生在局部溶蚀作用较强的区域，这种情况相对较少，与白云岩中方解石含量有关。

图 2-4　白云岩潜蚀阶段

严重砂化的白云岩中形成了通畅的流体路径，并呈现出"砂包石"的状态。随着化学溶蚀和机械崩解的继续发展，中间仅存的、较为完整的白云岩块也被溶蚀，其主要溶蚀作用是从表面逐渐渗透。此外，已经溶蚀完成的白云岩砂和白云岩粉在进一步化学淋滤作用及交代作用下，结构组分逐渐改变，逐渐形成次生黏土，产生胶结作用，但在地下水的潜蚀作用，主要是机械潜蚀作用下，胶结状态也在逐渐改变，白云岩粉等细小颗粒逐渐流失，围岩物理力学参数进一步减弱。

2.1.2　白云岩砂化微观特征

为揭示白云岩砂化的微观机理，研究团队采用扫描电镜（SEM）观察多种砂化程度的白云岩试样微观结构变化，如图 2-5 所示。

扫描电镜常用于观察分析岩土的微观结构，其原理主要是利用聚焦的、狭窄的高能电子束来扫描试样，根据光束与物质间的相互作用，来获取各种物理信息，然后通过对这些信息的收集、放大、再成像，能够实现对物质微观形貌的表征。

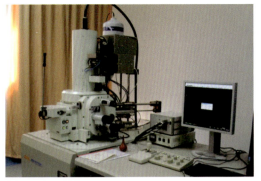

图 2-5 电镜试验及试样

扫描电镜试验的步骤主要为：

（1）将需要观察的试样制备成能够用于观察的、合适大小的试样并烘干。

（2）打开扫描电镜，检测电镜设备。

（3）用导电胶将制备好的试样固定在载物台上，调整观察部位。

（4）放置试样后抽取真空，调整试样的距离、扫描的衬度和最佳倍数。

（5）选择不同倍数，照相，观测。

经过不断调试，在观测砂化白云岩试样时，扫描电镜设置成 10～20μm 的放大倍数、照相采用 1000～2000 的放大倍数，为最佳观测设置方案。

白云岩的微观砂化溶蚀过程主要包括沿着晶体表面、晶体接触连接部位、晶体解理面进行溶蚀，溶蚀发育到一定程度后，由于水流及地应力的物理作用崩解成细小颗粒，形成白云岩砂，然后进一步溶蚀、崩解为白云岩粉。下面根据扫描电镜的试验结果依次分析白云岩的晶体表面溶蚀、晶体连接处溶蚀、晶体解理面溶蚀、晶体的机械崩解及机械崩解后的继续溶蚀。

（1）晶体表面溶蚀

白云岩的溶蚀作用常常沿晶体表面进行，如图 2-6 所示，这些表面包括岩体内部孔隙的周围晶体暴露面以及岩体表面晶体的暴露面，表面的溶蚀使得晶面上形成一些细小的裂隙或者是无规则的溶孔，同时会使得晶体些许剥落。随着溶蚀的不断进行，产生的裂隙和溶孔不断扩大加深，当裂隙和溶孔互相连通或者与原有岩体孔隙连通后，在水流和地应力的物理破坏作用下，整个晶体尤其是表面的部位容易发生崩解脱落。

（2）晶体连接处溶蚀

白云岩，尤其是晶体颗粒较大的新鲜白云岩内无溶蚀白云石晶体呈现出较好的立方体形态，晶体间的相互接触主要为点接触和线接触，结构并不紧密，常常形成孔隙，孔隙为地下水的流动提供了条件，晶体之间接触部位由于结构作用需要传递更多的力，内部容易产生微小裂缝，溶蚀更加容易在此处发展，从而破坏晶体间的连接，同时破坏白云岩晶体的立方体结构，白云岩的晶体连接处溶蚀如图 2-7 所示。

图 2-6　白云岩的晶体表面溶蚀

图 2-7　白云岩的晶体连接处溶蚀

（3）晶体解理面溶蚀

解理是指结晶岩体受力后，由于其自身结构原因，晶体沿一定结晶方向裂开形成的光滑平面，白云石同方解石一样，通常具有三组完全解理。针对于每一组解理，溶蚀作用主要沿着解理面进行，且形成互相平行的阶梯状溶痕，随着溶蚀加剧，最终形成片状结构，随后片状体机械崩落。当解理面大于两组，白云岩晶体会被切割成大小不等的柱状体，呈网格状，溶蚀作用从解理面的交汇处开始，形成细小溶孔之后不断扩大，解理面的连接力减弱，随后柱状晶体崩解，脱离原有结构。白云岩的晶体解理面溶蚀如图 2-8 所示。

（4）机械崩解

从图 2-9 可以看出，溶蚀后的晶体被分割成多个更小的晶体颗粒，在地应力和水的物理作用下，逐层、由外到内地脱离崩解，其断裂位置也与上述论述一致，常常发生在晶体孔隙发育处和解理发育处。这是区别于化学溶蚀的机械作用，这种机械崩解作用的根本原因在于化学溶蚀的逐步发展，当其发展到一定阶段后，便不可避免地引起白云岩晶体中的应力集中，从而造成晶体崩解。当然也存在另外一种情况，即将脱落的晶体与母岩间的连接被完全溶蚀，但这种情况极少，只会发生在地应力和水作用都极小的情况下。白云岩的机械崩解会促进岩体内部孔隙的生成、裂隙的发展，另外一个更为特殊的作用是使孔隙和裂隙的发展更为均匀，使溶蚀的发展更具均匀性，从而减少出现溶蚀管道和大溶孔的可能性。

图 2-8　白云岩的晶体解理面溶蚀

图 2-9　白云岩晶体的机械崩解

（5）崩解后溶蚀

如图 2-10 所示，白云岩晶体的机械崩解后，除了孔隙和裂隙进一步发展会加快母岩的溶蚀之外，脱离出来的白云岩小晶体也会以更快的溶蚀速度继续进行溶蚀，在继续溶蚀的过程中，脱离的晶体会逐渐失去原有的立方体结构，逐渐更加破碎，形成白云岩砂和白云岩粉的混合物，在后期的胶结作用下逐渐相互黏结，值得一提的是，形成的白云岩粉易随着地下水的流动在其他孔隙中沉淀或者一直迁移流失。

图 2-10　白云岩晶体机械崩解后的继续溶蚀

白云岩的微观溶蚀机理主要分为化学溶蚀和机械崩解两个阶段，化学溶蚀阶段包括沿着晶体表面、晶体接触连接部位、晶体解理面进行溶蚀，随后在水流及地应力的物理作用下崩解成细小颗粒，形成白云岩砂，然后进一步溶蚀、崩解为白云岩粉。这种溶蚀机制使得白云岩区别于灰岩的溶蚀，即白云岩的溶蚀发育和含水情况更为均匀，很难形成大型的管道和溶洞，这与现场揭示的严重砂化下仍未见溶洞的情况是一致的。

2.2　白云岩砂化前后物理力学性质差异

2.2.1　未砂化白云岩物理力学参数研究

（1）试样制作

在吉新隧道施工现场选取相对完整的白云岩岩块，运至加工厂，采用钻芯机与切割机对岩块进行加工，制成直径 50mm、高 100mm 的圆柱体标准试样，见图 2-11。

a) 现场取样

b) 岩样切割

图　2-11

c) 岩样钻取

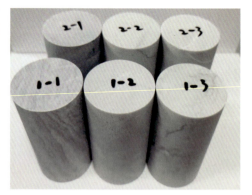
d) 标准试样

图 2-11　试样制作

对于富水地层，在使用理论方法或数值模拟方法评价隧道岩层稳定性，计算其防突厚度时，灰岩力学参数使用饱和状态下的数值较为合理，因此在室内试验时有必要对白云岩试样进行人工饱和，以测得饱和白云岩的力学参数。岩样的饱和过程如下：岩样在烘箱内以 105～110℃温度烘干 24h，取出放置在干燥器内冷却至室温称量；将试件放入水槽，注水至试件高度的 1/4 处，以后每两个小时分别注水至试件的 1/2 高和 3/4 高处，6h 后全部浸没试件。试件在水中自然吸水 48h 后，取出试件并擦去表面水分称量；称量后放回水槽中，以后每隔 24h 称重一次，直至前后两次质量差不超过 0.05g 为止，认为试样达到饱和状态（图 2-12）。

a) 岩样烘干

b) 岩样注水

图 2-12　岩样饱水

（2）试验仪器

岩石单轴压缩试验采用 1000kN 电液伺服万能试验机（图 2-13），该仪器集电液伺服自动控制、自动测量、数据采集、屏幕显示、试验结果处理于一体，可完成对标准岩样的单轴压缩试验，得到岩石的单轴抗压强度。

岩石三轴试验采用法国 rock600 试验机（图 2-14），这是法国 TOP INDUSTRIE 制造生产的高精密多功能实验仪器，该仪器可以测定岩石的三轴压缩强度。

图 2-13　1000kN 电液伺服万能试验机　　　图 2-14　法国 rock600 试验机

（3）实验过程

单轴压缩试验无需施加侧向压力，三轴压缩试验需先施加侧向压力至预定值，其加载速度控制在 0.05MPa/s 左右，整个试验过程中侧向压力的变化范围不得超过预定值的 2%。对于轴向荷载，试验时控制 0.005mm/s 左右的位移施加荷载。试样破坏后（达到峰值应力），在伺服系统的控制下可继续按照设定速率进行试验，从而得到试样峰前、峰后应力-应变曲线。试验过程中，试验系统将自动记录实时轴向荷载、侧向压力、轴向变形和横向变形等数据。

（4）未砂化白云岩单轴压缩试验结果

本次试验对天然状态与饱和状态两组共 6 个试样进行测定（图 2-15）。其中试样 3-1～3-3 组为天然状态，试样 4-1～4-3 组为饱和状态。

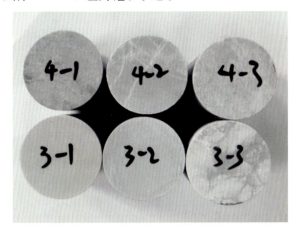

图 2-15　单轴压缩试样

根据试验过程中仪器自动采集记录的轴向压力、轴向位移等数据，绘制白云岩试样的应力应变曲线，如图 2-16 所示。

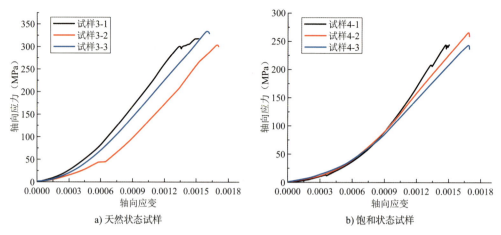

图 2-16　白云岩试样单轴压缩应力-应变曲线

根据《工程岩体试验方法标准》（GB/T 50266—2013）和《铁路工程岩石试验规程》（TB 10115—2023）的规定，单轴压缩试验中，岩样的单轴抗压强度、弹性模量和泊松比可通过试验数据按相应公式计算得到。岩石单轴抗压强度按式(2-1)确定：

$$\sigma_c = \frac{P}{A} \tag{2-1}$$

式中：σ_c——岩石单轴抗压强度（MPa）；

P——试验中所测得破坏荷载（N）；

A——试件截面积（mm）。

根据应力-应变曲线、有效的试验数据结果和相关规范要求，本试验采用式(2-2)和式(2-3)计算天然状态和饱和状态下试样的力学参数：

$$E = \frac{\sigma_b - \sigma_a}{\varepsilon_{lb} - \varepsilon_{la}} \tag{2-2}$$

$$\mu = \frac{\varepsilon_{db} - \varepsilon_{da}}{\varepsilon_{lb} - \varepsilon_{la}} \tag{2-3}$$

式中：E——岩石弹性模量（GPa）；

μ——岩石泊松比；

σ_a、σ_b——应力与轴向应变关系曲线上直线段始点和终点的应力值（MPa）；

ε_{la}、ε_{da}——应力为σ_a时的轴向应变和横向应变；

ε_{lb}、ε_{db}——应力为σ_b时的轴向应变和横向应变。

根据上述方法，计算得到天然状态和饱和状态下白云岩试样的单轴压缩力学参数见表 2-1。

白云岩试样的单轴压缩力学参数　　表 2-1

试样状态	密度ρ（g/cm³）	弹性模量E（GPa）	单轴抗压强度σ（MPa）
天然状态	2.893	306.35	334
	2.862	245.86	318
	2.832	269.39	303

续上表

试样状态	密度ρ（g/cm³）	弹性模量E（GPa）	单轴抗压强度σ（MPa）
饱和状态	2.918	259.384	251
	2.903	219.9358	247
	2.952	197.9416	269

（5）未砂化白云岩三轴压缩试验结果

本次试验对天然状态与饱和状态两组共6个试样进行测定。其中试样1-1～1-3组为天然状态，试样2-1～2-3组为饱和状态，如图2-17所示。

图2-17 单轴压缩试样

根据试验过程中仪器自动采集记录的轴向压力、轴向位移等数据，绘制白云岩三轴压缩试样的应力-应变曲线，如图2-18所示。

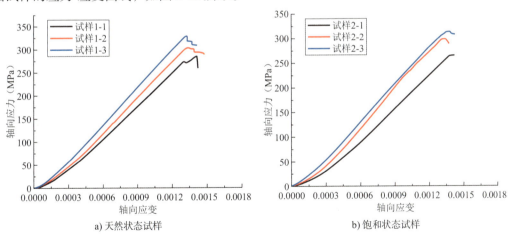

a) 天然状态试样　　b) 饱和状态试样

图2-18 白云岩试样三轴压缩应力-应变曲线

根据岩样三轴压缩试验结果，可分别求取各试样的三轴抗压强度、弹性模量，见表2-1。岩石的内摩擦角和黏聚力是岩石的强度参数，也是工程稳定性评价的重要参数，可由三轴压缩试验来确定。用莫尔圆来表示莫尔-库仑强度准则（Mohr-Column准则），如图2-19所示。

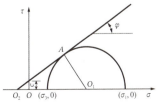

图2-19 Mohr-Column准则

由图2-19所示几何关系可知：

$$O_2O = \sigma_c = \frac{c}{\tan\varphi} \tag{2-4}$$

$$\sin\varphi = \frac{AO_1}{O_2O_1} = \frac{\sigma_1 - \sigma_3}{\sigma_1 + \sigma_3 + 2\sigma_c} \tag{2-5}$$

通过换算，可推得岩样破坏时应力与黏聚力、摩擦角的关系：

$$\sigma_1 = \sigma_3 \tan^2\left(45° + \frac{\varphi}{2}\right) + 2c\tan\left(45° + \frac{\varphi}{2}\right) \tag{2-6}$$

$$\sigma_3 = \sigma_1 \tan^2\left(45° - \frac{\varphi}{2}\right) - 2c\tan\left(45° - \frac{\varphi}{2}\right) \tag{2-7}$$

以上式中：σ_1——试样的三轴抗压强度（MPa）；

σ_3——三轴压缩试验的围压（MPa）；

σ_c——天然岩石试样的单轴抗压强度（MPa）；

φ——试样的内摩擦角（°）；

c——试样的黏聚力（MPa）。

本次室内三轴压缩试验每组岩样取 3 个围压水平进行试验，以抗压强度为纵（横）坐标，围压为横（纵）坐标，根据试验数据利用最小二乘法进行回归，可得出最小主应力和最大主应力的关系，进而求出该组岩样的内摩擦角 φ 和黏聚力 c。三轴压缩条件下岩溶区白云岩力学参数见表 2-2。

白云岩试样的三轴压缩力学参数　　　表 2-2

试样状态	围压（MPa）	弹性模量 E（GPa）	抗压强度 σ（MPa）
天然状态	3	239.047	285.2
	5	260.191	304.3
	7	276.063	329.3
饱和状态	3	226.500	265.5
	5	278.229	299.2
	7	259.947	314.3

2.2.2　基于 Hoek-Brown 强度准则的岩体力学参数估算

Hoek 和 Brown 根据自身在岩石性态方面的理论研究和实践经验，通过对大量岩石三轴试验资料和岩体现场试验成果的统计分析，于 1980 年提出了岩体强度和岩体破坏时极限主应力之间的关系，即狭义 Hoek-Brown 强度准则，后又于 1988 年、1992 年、1995 年、2002 年对该经验准则进行了修正，目前广泛采用的 Hoek-Brown 强度准则的形式如下[76]：

$$\sigma_1 = \sigma_3 + \sigma_c(m_b\sigma_3/\sigma_c + s)^a \tag{2-8}$$

$$m_b = m_i \exp\left(\frac{GSI - 100}{28 - 14D}\right) \tag{2-9}$$

$$s = \exp\left(\frac{GSI - 100}{9 - 3D}\right) \tag{2-10}$$

$$a = \frac{1}{2} + \frac{1}{6}\left(e^{-\frac{GSI}{15}} - e^{-\frac{20}{3}}\right) \tag{2-11}$$

式中：σ_c——天然岩石试样的单轴抗压强度（MPa）；

m_i——均质岩块的经验参数；

m_b——岩体的经验参数；

D——爆破影响和应力释放的扰动参数，对于未受扰动岩体，$D = 0$，严重扰动岩体，$D = 1$；

GSI——地质强度指标（Geological Strength Index）；

σ_1、σ_3——岩石破坏时的最大主应力和最小主应力；

a——针对不同岩体量纲的经验参数；

s——描述岩体破碎程度。

（1）岩石参数m_i

岩石参数m_i可以从单轴压缩试验和常规三轴压缩试验结果获得。

对于室内完整岩块，可取GSI = 100，故$a = 0.5$，$m_b = m_i$，则：

$$(\sigma_1 - \sigma_3)^2 = \sigma_c m_i \sigma_3 + s\sigma_c^2 \tag{2-12}$$

可推得m_i：

$$m_i = \frac{(\sigma_1 - \sigma_3)^2 - \sigma_c^2}{\sigma_3 \sigma_c} \tag{2-13}$$

将三轴试验中的σ_1、σ_3及单轴试验的σ_c代入式(2-13)可得到$m_i = 14.5$。

（2）地质强度指标GSI

从式(2-8)～式(2-11)中可以看出，GSI值对最终结果的影响巨大，GSI值的确定是该方法的关键。Sonmez 和 Ulusay 提出了较为详细的GSI定量评价方法，可以考虑不连续面的分布率、粗糙度、风化程度和填充物性质等，通过插值查GSI表可以获得。根据图 2-20，结合富水破碎白云岩的节理裂隙等发育情况，选取GSI = 15。

（3）扰动参数D

文献[76]给出了D的取值：控制良好的爆破或者使用 TBM（全断面硬岩隧道掘进机）掘进时，取$D = 0$；在质量较差的岩体中使用机械或人工开挖挤压型地层中，易引起底鼓，如不设置临时仰拱，岩体扰动严重，取$D = 0.5$；在硬岩中爆破控制较差的，且引起严重的局部损伤，损伤范围为2～3m，取$D = 1$。吉新隧道在溶蚀效应下，隧道所处地层的挤压性一般不明显，岩体质量总体处于Ⅲ～Ⅳ级，采用光爆法施工，控制效果不会太差，因此取$D = 0.3～0.5$。

由于Hoek-Brown强度准则在主应力空间存在棱线和尖点处的奇异点，这为Hoek-Brown准则在数值模拟中的应用带来了困难。而 Mohr-Coulomb 强度准则在岩土工程数值分析被广泛应用，其线性表达的特征使其更易使用和表达，并且黏聚力和内摩擦角具有更明确的物理意义。Hoek 等通过数学的方法将 Hoek-Brown 准则与 Mohr-Coulomb 强度准则建立了联系，等效 Mohr-Coulomb 准则割线强度取值换算关系式[77]如下：

$$\varphi = \arcsin\left[\frac{6am_b(s + m_b\sigma_{3n})^{a-1}}{2(1+a)(2+a) + 6am_b(s + m_b\sigma_{3n})^{a-1}}\right] \tag{2-14}$$

$$c = \frac{\sigma_c[(1+2a)s + (1-a)m_b\sigma_{3n}](s + m_b\sigma_{3n})^{a-1}}{(1+a)(2+a)\sqrt{1 + 6am_b(s + m_b\sigma_{3n})^{a-1}/[(1+a)(2+a)]}} \tag{2-15}$$

式中：$\sigma_{3n} = \sigma_{3max}/\sigma_c$——围压条件下 Mohr-Coulomb 等效强度参数的作用；

σ_{3max}——待定参数。

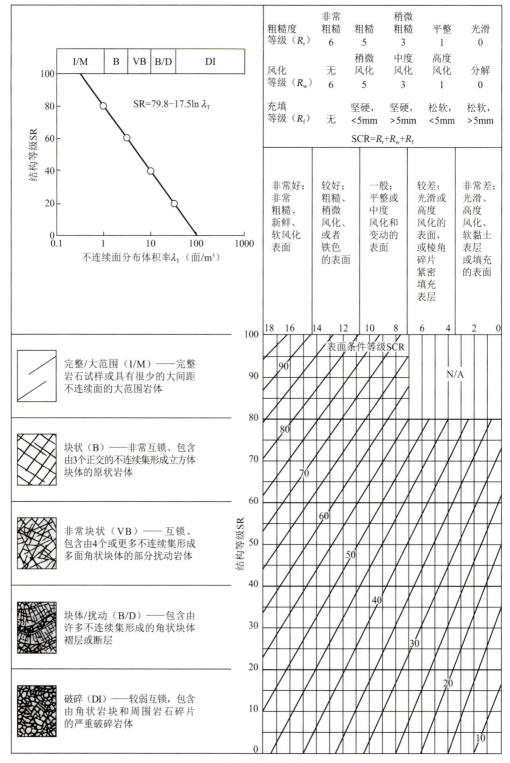

图 2-20　GSI 值

Hock 等人采用极限平衡法针对隧洞和边坡进行了计算分析,建议$\sigma_{3\max}$采用式(2-16)和式(2-17)计算。

隧洞:

$$\frac{\sigma_{3\max}}{\sigma_{cm}} = 0.47\left(\frac{\sigma_{cm}}{\gamma H}\right)^{-0.94} \qquad (2\text{-}16)$$

边坡:

$$\frac{\sigma_{3\max}}{\sigma_{cm}} = 0.72\left(\frac{\sigma_{cm}}{\gamma H}\right)^{-0.91} \qquad (2\text{-}17)$$

式中:H——隧洞埋深或边坡坡高;

σ_{cm}——由 Hoek-Brown 准则定义的岩体单轴抗压强度。

$$\sigma_{cm} = \sigma_c \cdot \frac{[m_b + 4s - a(m_b - 8s)](m_b/4 + s)^{a-1}}{2(1+a)(2+a)} \qquad (2\text{-}18)$$

(4)岩体弹性模量E_{rm}

Hoek 在文章中记录了来自中国学者统计得到的基于完整岩块弹模E_i换算的岩体弹性模量E_{rm}计算方法。

$$E_{rm} = E_i\left\{0.02 + \frac{1-D/2}{1+e^{[(60+15D-GSI)/11]}}\right\} \qquad (2\text{-}19)$$

本工程根据现场调查得出围岩的GSI值,依据隧道所处地层条件、围岩质量以及施工方法确定D值,并过室内岩石力学试验结果计算出m_i,将上述参数输入 Roclab 软件计算岩体力学参数,计算结果见图 2-21。得到未砂化破碎白云岩岩体弹性模量为 6.623GPa,摩擦角为 37.13°,黏聚力为 0.825MPa。

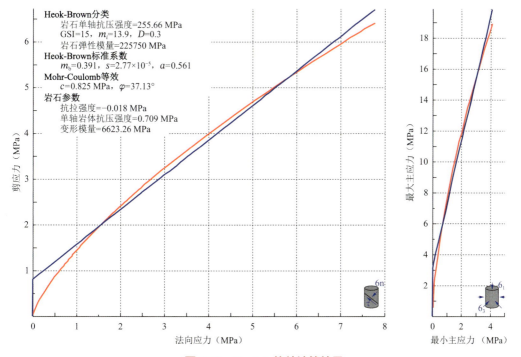

图 2-21 Roclab 软件计算结果

2.2.3 砂化白云岩物理特性研究

砂化后的白云岩呈细粉砂状，骨架结构丧失，失去了岩体结构特征。因此本节将砂化白云岩当作土体样本，对砂化白云岩的物理特性以及渗透特性展开研究。

(1) 天然含水率 w

现场取回的砂化白云岩疏松多孔，形态上类似砂土，采用烘干法测定其天然含水率。首先称得 5 组天然砂化岩土各 50g，将其放置于采用电热的数显鼓风恒温干燥箱(图 2-22)，设定恒温为 108℃，干燥时间 8h。干燥完毕后冷却至室温测定各组干质量，并按式(2-20)计算天然含水率。测定结果如图 2-23 所示，取其平均值 4.78% 作为砂化白云岩天然含水率。

$$w = \left(\frac{m_0}{m_d} - 1\right) \times 100\% \tag{2-20}$$

式中：m_0——湿土质量（g）；
m_d——干土质量（g）。

图 2-22 数显鼓风恒温干燥箱

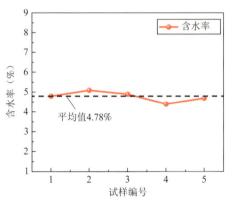

图 2-23 天然含水率测定结果

(2) 天然密度与干密度

现场砂化白云岩采用环刀法测定砂化白云岩的天然密度，对取样的砂化白云岩按式(2-21)测定、计算密度与干密度，共重复 3 次试验。试验过程如图 2-24 所示，试验结果如图 2-25 所示。最终测得天然密度为 2.312g/cm³，干密度为 2.207g/cm³。

图 2-24 质量测量

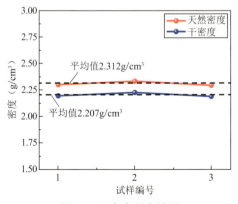

图 2-25 密度测定结果

$$\begin{cases} \rho = \dfrac{m_0}{V} \\ \rho_d = \dfrac{\rho}{1+w} \end{cases} \tag{2-21}$$

式中：V——环刀容积（cm^3）；

ρ——天然密度（g/cm^3）；

ρ_d——干密度（g/cm^3）。

（3）颗粒级配

为了后续配置重塑土进行力学特性等的研究，需要对砂化白云岩颗粒组成进行分析。本试验对现场取出的土样采用孔径为 5mm、2.5mm、1.25mm、0.63mm、0.315mm、0.16mm、0.075mm 的筛分网进行筛分试验。首先称取 2kg 经过烘干处理后的试样；然后将试样充分碾散、均匀搅拌，并放入筛分机进行筛分；最后称取筛分后各筛分网中白云岩砂的质量，重复试验 5 次取平均值作为筛分结果。试验筛分机及筛分过程如图 2-26 所示。

图 2-26 试验筛分机及筛分结果

根据筛分试验结果，绘制砂化白云岩的颗粒级配曲线（图 2-27），同时可计算其不均匀系数 C_u 与曲率系数 C_c。

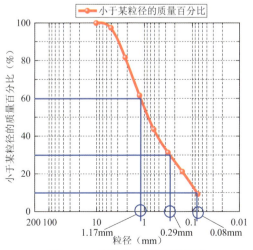

图 2-27 砂化白云岩颗粒级配

不均匀系数C_u与曲率系数C_c的计算见式(2-22)：

$$\begin{cases} C_u = \dfrac{d_{60}}{d_{10}} \\ C_c = \dfrac{{d_{30}}^2}{d_{60} \times d_{10}} \end{cases} \quad (2\text{-}22)$$

式中：d_{10}、d_{30}、d_{60}——颗粒级配曲线上纵坐标等于 10%、30%、60%时所对应的粒径（mm），其中d_{10}为有效粒径、d_{30}为中值粒径、d_{60}为限制粒径。

根据级配曲线可知，原状砂化白云岩$d_{10} = 0.08$mm、$d_{30} = 0.29$mm、$d_{60} = 1.17$mm，按式(2-22)可得$C_u = 14.625$、$C_c = 0.899$，颗粒粒径分布不均匀，小粒径颗粒相对较多，即云岩粉含量较多。不均匀的颗粒粒径为地下水的渗流提供了通道，较高含量的白云岩粉易被地下水裹挟，使岩体填充结构更加松散。

（4）颗粒密度以及孔隙率

砂土的颗粒密度可以反推砂土体的孔隙率等参数。砂化白云岩粒径以小于 5mm 为主，因此采用比重瓶法对砂化白云岩的颗粒密度进行测量（图 2-28），通过公式(2-23)计算颗粒密度。为减少试验误差，进行 3 组平行试验，取其平均值 2.688g/cm³ 作为试验结果，根据公式(2-24)得到孔隙率为 17.9%，见图 2-29。

a) 比重瓶　　　　　　　　　　b) 沙浴加热

图 2-28　比重瓶测量颗粒密度

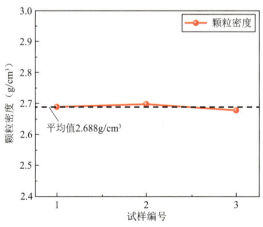

图 2-29　砂化白云岩颗粒密度

$$\rho_s = \frac{m_d}{m_{pw} + m_d - m_{pws}} \rho_{wT} \tag{2-23}$$

式中：ρ_s——颗粒密度（g/cm³），计算至 0.01g/cm³；

m_{pw}——量瓶和水的总质量（g）；

m_{pws}——量瓶、水和土的总质量（g）；

m_d——干试样的质量（g）；

ρ_{wT}——水温为 T℃时水的密度（g/cm³）。

$$n = \left(1 - \frac{\rho_d}{\rho_s}\right) \times 100 \tag{2-24}$$

式中：n——孔隙率（%）；

ρ_d——干密度（g/cm³）；

ρ_s——颗粒密度（g/cm³）。

（5）渗透系数

变水头法可测定砂化白云岩的渗透系数，本次试验通过制备给定密度等级配的重塑土样对渗透系数进行测定。变水头渗透试验主要依据达西定律[式(2-25)]，采用变水头测试装置进行试验，如图 2-30 所示。为保证数据的可靠性，本试验总共测定 5 组并取平均值作为最终值（图 2-31），最终测得渗透系数为 5.1×10^{-4} cm/s。

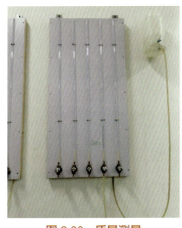

图 2-30 质量测量

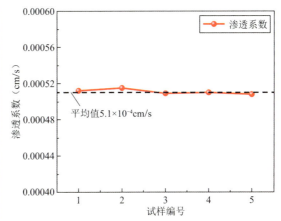

图 2-31 渗透系数测定结果

$$k_T = 2.3 \frac{aL}{A(t_2 - t_1)} \lg \frac{H_1}{H_2} \tag{2-25}$$

式中：k_T——水温为 T℃时试样的渗透系数（cm/s）；

a——变水头管的断面积（cm²）；

L——渗径（cm）；

t_1、t_2——测读水头的起始和终止时间（s）；

H_1、H_2——起始和终止水头（cm）。

2.2.4 砂化白云岩力学特性研究

依据现场对原状围岩密度、含水率、颗粒级配的分析数据，室内配制重塑砂土，进行三轴压缩试验测定砂化白云岩的力学性质。如图 2-32 所示，试验采用 GDS 全自动静三轴仪，该设备配套有压力室、轴压加载设备、压力-体积控制装置（施加围压与反压）、数据传输装置（轴向变形与体积变形量测系统），并可通过电脑控制进行全自动剪切。

图 2-32　GDS 全自动静三轴仪

试验采用固结不排水剪方法（CU），测得砂化白云岩总抗剪强度 c_{CU}、φ_{CU}。试验全过程如图 2-33 所示，首先烘干取回的土样，再按测定的天然密度、天然含水率及颗粒级配情况配制重塑土。由于砂化白云岩粗颗粒较多、颗粒磨圆度较差，其黏聚力较小，性质类似于砂土，需要于压力室底座上利用制样圆模装样，并分层击实。装样完成后，通过压力-体积控制器进行反压饱和及围压固结，最后在试件顶部施加轴向力进行三轴压缩。

图 2-33　固结不排水剪试验过程

进行三轴固结不排水剪试验时，选取 100kPa、200kPa、300kPa 作为围压值。如图 2-34a）所示，当围压为 100kPa、200kPa 时，试件屈服滑移后即刻达到其峰值应力，随后试件所受偏应力随应变增长而逐渐下降，峰值偏应力分布为 482.53kPa、648.54kPa；而当围压为 300kPa 时，试件屈服滑移后发生应变硬化，所受偏应力继续随应变增大而增大，直至达到峰值，偏应力再发生下降，其峰值偏应力为 824.55kPa。

根据不同围压时偏应力与轴向应变关系曲线中的峰值偏应力，可绘制 3 个莫尔圆，做出公切线，如图 2-34b）所示。由此可知：砂化白云岩黏聚力 c_{CU} 为 94.62kPa、内摩擦角φ_{CU}为26°。

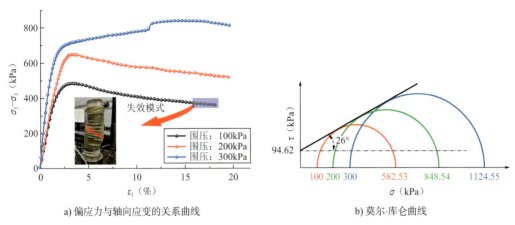

a) 偏应力与轴向应变的关系曲线　　b) 莫尔-库仑曲线

图 2-34　试验结果

本试验还利用 GDS 应变式三轴仪测定砂化白云岩的弹性模量，其试验过程与测定黏聚力与内摩擦角类似，但需要进行分四级循环加载。根据试验数据，可绘制加载、卸载与轴向应变的关系，如图 2-35 所示。同时，按式(2-26)可计算砂化白云岩的弹性模量E为 66MPa。

$$E = \frac{\sum \Delta p}{(\sum \Delta h)/h} \quad (2-26)$$

式中：$\sum \Delta h$——总压力下的弹性变形（mm）；

h——试件固结后的高度（mm）；

Δp——每级荷载轴向压力（MPa）。

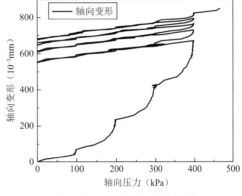

图 2-35　轴向应力-应变曲线

2.3　白云岩砂化机制与分级

2.3.1　白云岩砂化机制

白云岩砂化是一种特殊的岩溶现象，白云岩经过溶蚀作用后岩体强度逐渐降低，在岩体中形成大量孔隙，经扰动后易松散，变为白云岩砂、白云岩粉混合物。如图 2-36 所示，宏观层面上，白云岩砂化分为四个阶段：轻度砂化、中等砂化、严重砂化、潜蚀作用。新鲜的白云岩通常存在"X"状的初期节理裂隙，地下水对裂隙两侧的白云岩进行浅层溶蚀，形成了初步的裂隙网络。随着溶蚀的进行，相邻裂隙能够相互连通，形成选择性溶蚀。随后，白云岩内部裂隙发育完全，岩体骨架基本消失，逐渐有颗粒被水挟裹，并在流速降低处沉淀。骨架溶蚀的白云岩砂和白云岩粉在进一步化学淋滤及交代作用下，结构组分逐渐改变，逐渐产生次生黏土。

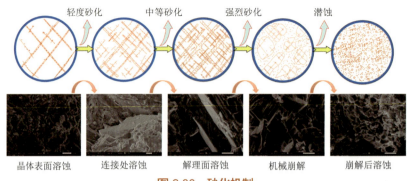

图 2-36 砂化机制

微观层面上,白云岩砂化分为五个阶段:晶体表面溶蚀、连接处溶蚀、解理面溶蚀、机械崩解、崩解后溶蚀。表面溶蚀使得晶面上形成一些细小的裂隙或者是不规则的溶孔,使晶体之间接触部分产生微小裂缝,破坏白云岩立方体结构。随后溶蚀主要沿着岩体解理面进行,形成互相平行的阶梯状溶痕。随着溶蚀加剧,最终形成片状结构。当化学溶蚀发展到一定阶段后,引起白云岩晶体内部产生集中应力,从而造成晶体机械崩解。机械崩解又会促进岩体内部孔隙的生成、裂隙的发展,加快母岩的溶蚀,最终形成白云岩砂、白云岩粉,易在地下水的作用下流失。

2.3.2 白云岩砂化分级

结合已开挖段施工揭示地质情况,为确保制定的措施具有针对性,本节从围岩稳定性、溶蚀程度、含水率、松散度等方面对白云岩砂化程度进行分级,通过对开挖及钻孔揭示砂化现象的统计,分为轻度砂化、中等砂化、严重砂化三个砂化程度。

建议施工中对砂化等级进行综合评判,可参考表 2-3。

砂化等级评判标准 表 2-3

等级	整体稳定性	构造	溶蚀程度	颜色	裂隙发育程度	地下水
轻度砂化	稳定性较差,局部易失稳	溶蚀主要沿层面或优势结构面进行,可量取层理产状	岩体骨架存在,以溶隙小孔为主	岩石较新鲜,矿物颜色未变	裂隙较发育,一般大于2条,结构面胶结一般,呈层状结构	掌子面潮湿或点状出水
中等砂化	稳定性差,局部易失稳	构造部分破坏,岩体被多组结构面切割成岩块,不易量取层理产状	岩体骨架部分被破坏,围岩局部被溶蚀为角砾碎块状	岩石表层颜色暗淡	裂隙发育,一般大于3条,结构面结合差,呈裂隙块~碎裂状	掌子面有线状水,局部股状水,水量小于 2000m³/d
严重砂化	稳定性很差,无支护易产生坍塌	构造破坏,多呈"砂包石"结构,围岩多为岩块,无法量取层理产状	岩体骨架基本不存在,围岩被溶蚀为角砾状、砂状	岩石表层颜色暗淡,少见完整岩块	裂隙发育呈无序状,岩体结构为散体结构	掌子面有涌水,局部股状水水量小于 2000m³/d

第 3 章

富水砂化白云岩隧道掌子面灾变机制

3.1 基于极限平衡分析的掌子面稳定性分析

3.1.1 渗流作用下的砂化白云岩地层掌子面变形特征

（1）模型建立

依据施工设计图纸结合现场施工方案可建立数值模型。隧道的跨度与洞高分别12.96m和11.57m，根据圣维南原理，模型尺寸设计为180m×160m×100m，从而实现减少模型边界效应的目的，模型如图3-1所示。模型左右两侧边界分别施加水平向约束，底面施加竖向约束，正面、后面沿隧道轴向进行约束，仅考虑自重应力场的作用。模型设定采用三台阶施工工法，台阶步距为10m，初期支护由钢拱架、注浆锚杆、C25喷射混凝土组成。

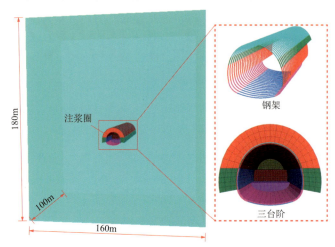

图 3-1 数值模型示意图

（2）计算参数选取

根据室内试验以及相关学者对砂化白云岩的力学性质研究[37]，本次计算对轻度砂化、中等砂化、严重砂化白云岩的计算参数进行标定。假定所有材料为连续均匀的理想物质；由于研究对象为砂化白云岩地层，风化严重，呈砂土状，因此采用在Mohr-coulomb Model作为围岩本构关系，通过设置模型内水位高度实现流固耦合。相关计算参数见表3-1。

计算参数　　　　　　　　　　　　　　　　　　　表 3-1

材料	弹性模量（GPa）	泊松比	内摩擦角（°）	黏聚力（kPa）	密度（kg/m³）	渗透率（cm/s）	孔隙率
轻度砂化	10.2	0.28	29.7	420	2320	2.00×10^{-7}	0.17
中等砂化	7.0	0.29	25	280	2020	3.60×10^{-7}	0.22
严重砂化	3.6	0.3	20	115	1680	2.00×10^{-6}	0.3
加固区	21	0.25	44	800	2850	8.00×10^{-8}	0.1

钢架采用等截面刚度的beam单元等效代替。初期支护采用线弹性单元模拟C25混凝土的性能，支护结构参数见表3-2。

支护计算参数 表 3-2

材料	弹性模量（GPa）	泊松比	密度（kg/m³）
初期支护 C25 混凝土	27.57	0.2	2500
钢架	210	0.3	7350

（3）掌子面挤出变形

隧道掌子面挤出变形是研究掌子面稳定性的重要指标，不同砂化程度的白云岩隧道掌子面挤出变形随埋深与水位变化的三维曲面如图 3-2 所示。随着埋深的增大以及水位的增加，掌子面挤出变形显著增大。但是由于不同砂化白云岩地层自身物理力学性质的差异，导致各砂化白云岩地层的隧道掌子面挤出变形随埋深以及水位变化的敏感性大为不同，严重砂化白云岩地层由于较弱的承载能力以及较好的透水性，隧道掌子面挤出变形对于埋深以及水位的改变呈现极大的敏感性，导致变形曲面发生明显的畸变。总体来看，隧道掌子面挤出变形的影响因素的敏感性排序为：砂化等级 > 水头高度 > 隧道埋深。

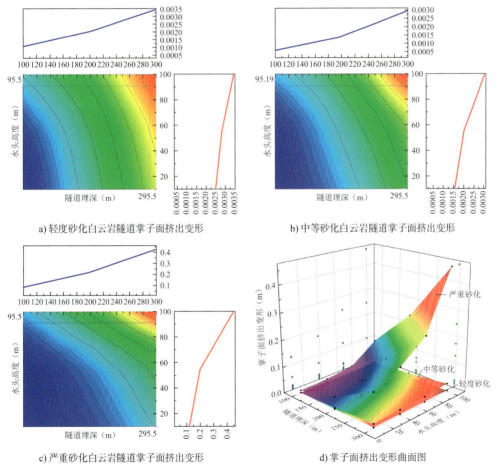

a）轻度砂化白云岩隧道掌子面挤出变形　　b）中等砂化白云岩隧道掌子面挤出变形
c）严重砂化白云岩隧道掌子面挤出变形　　d）掌子面挤出变形曲面图

图 3-2　不同砂化程度白云岩隧道在不同水位高度、隧道埋深下掌子面挤出变形云图

（4）掌子面竖向变形

掌子面竖向变形随白云岩砂化程度、埋深和水头高度的变化规律如图 3-3 所示。与掌子面挤出变形相似，隧道埋深的增大、水头高度的升高、砂化程度的加剧都会增大隧道拱顶的竖向沉降。但是与掌子面挤出变形规律不同的是，以中等砂化白云岩为例，如图 3-4 所示，隧道掌子面拱顶沉降（竖向变形）对各影响因素表现出的敏感性排序为：砂化程度＞隧道埋深＞水头高度。由于初期支护的施作，围岩内渗水流动均向掌子面流动，掌子面处受到的水平渗透力远大于竖向渗透力，因此掌子面竖向变形对水头高度呈现低敏感性。且由于支护的存在，隧道拱顶竖向位移对于各影响因素的敏感性显著低于掌子面基础变形相对于各影响因素的敏感性，即掌子面在渗流水作用下更容易发生掌子面挤出失稳，印证了现场的灾变模式都为掌子面涌水涌砂。

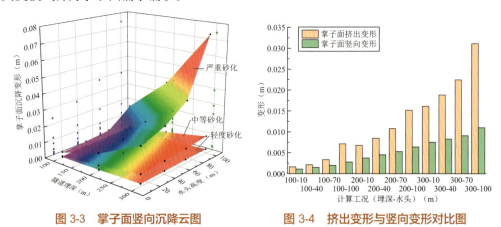

图 3-3　掌子面竖向沉降云图　　图 3-4　挤出变形与竖向变形对比图

3.1.2　渗流作用下的砂化白云岩地层掌子面区压力拱特征

（1）压力拱判据

土压力拱最显著的特点为最大主应力矢量流线能形成完整环状，在土拱内，拱体内的最大主应力方向为水平方向，而拱体外部最大主应力将恢复隧道开挖前的竖直方向，所以根据土体水平向和竖直向应力的变化情况，将在距离隧道一定范围内的主应力方向为水平方向且为最大值的位置定为压力拱内边界，将最大主应力方向由水平偏转为竖直方向的点作为外边界。

（2）压力拱分析

以隧道埋深 300m、水头高度 100m、严重砂化为基础工况，探究隧道埋深、水头高度、砂化程度对隧道开挖后渗流作用下的压力拱特征的影响。选取掌子面处横断面为研究对象，在 $y=40$m 位置选取截面，图 3-5 为白云岩隧道主应力分布张量图（隧道埋深 300m、水高度 100m 的严重砂化白云岩地层），掌子面破坏之前，隧道周围最大主应力均为竖直方向，在土体应力场中，竖向应力要大于水平应力。隧道开挖后，周围岩体失去了约束作用，处于受力不平衡状态，掌子面发生主动失稳时，隧道周围岩体主应力都发生了显著偏转，并且最大主应力的流线分布方向呈现出环形状，这表明在掌子面正上方存在土拱效应，相比于开挖之前，最大主应力也变小。在隧道顶部正上方一定高度处，最大主应力方向偏转至水平方向（旋转近 90°），并在土拱最顶部位置处出现应力偏转点，形成如图中阴影部分所示的应力偏转区,偏转区轮廓即为压力拱的外边界。

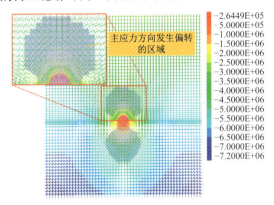

图 3-5 白云岩隧道主应力分布张量图

如图 3-6 所示,受到开挖影响,掌子面顶部一定范围内,最大主应力与水平应力重叠,即最大主应力方向为水平方向,且随着深度应力值增大,根据压力拱内外边界判别方法,最大值处为压力拱内边界。在压力拱拱体内,上覆的竖向土压力转化为土拱的轴向应力,随着深度增加,围岩应力会由水平方向变为竖直方向为主,应力方向发生偏转,根据压力拱内外边界判据,偏转处为压力拱的外边界。外边界以外的围岩应力转化为土拱的上覆荷载。

根据曲线图 3-6 可以分析得知,对于深埋岩石隧道,隧道埋深与水头高度对压力拱内边界位置几乎没有影响,只对压力拱厚度产生影响。隧道埋深越大,对土拱产生更大的上覆荷载,为了保持岩土体的稳定,需要更厚的土拱进行承载。渗流水的存在一方面会带来较大的渗透压力,另一方面会使岩体的有效应力减小,从而降低了岩体的承载力,因此随着水头高度的降低,压力拱的厚度明显削减。不同的砂化程度对压力拱的成拱影响极大,砂化程度越大,地层自稳能力越弱,压力拱成拱位置越深,厚度越大,对于轻度砂化地层,由于较高的承载能力,隧道开挖后,掌子面处围岩能够尽快达到重新平衡,受扰动岩体并未发生剪切破坏,因此并未形成压力拱。

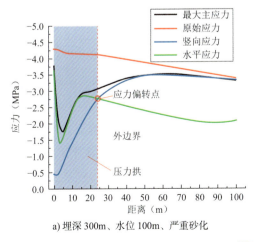
a) 埋深 300m、水位 100m、严重砂化

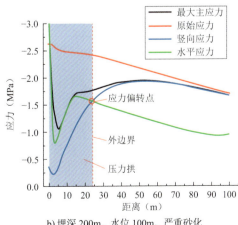
b) 埋深 200m、水位 100m、严重砂化

图 3-6

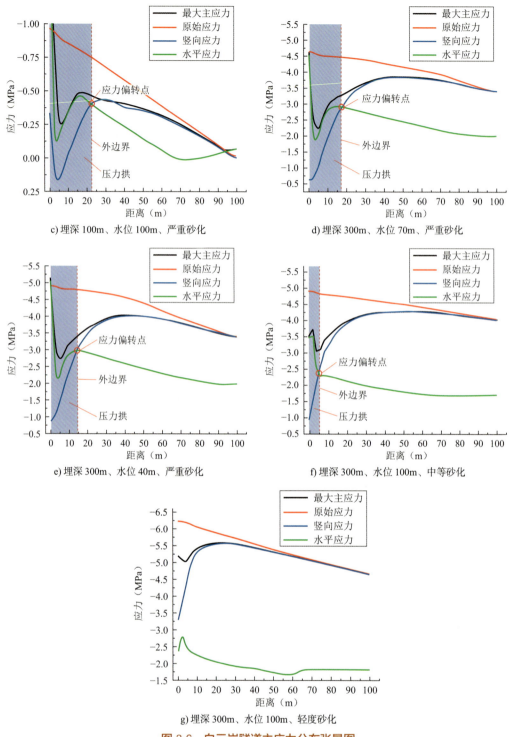

图 3-6 白云岩隧道主应力分布张量图

不同工况下的压力拱外边界位置见表 3-3。由于土拱对其上方土体有支持作用，分担了作用在隧道掌子面的上覆土压力，对隧道掌子面的稳定性起到重要作用。因此在对隧道掌子面进行分析时，要考虑到压力拱对掌子面的保护作用。

不同工况压力拱尺寸（m）　　　　　　　　表 3-3

工况组合（埋深-水位）	严重砂化	中等砂化	轻度砂化
300-100	24.5	5.3	未成拱
300-70	17.6	4.3	未成拱
300-40	14.3	3.7	未成拱
300-10	11.3	3.6	未成拱
200-100	24	4.7	未成拱
200-70	15	3.8	未成拱
200-40	9	3.3	未成拱
200-10	6.2	3.1	未成拱
100-100	22	4.3	未成拱
100-70	10.3	3.4	未成拱
100-40	5.2	2.4	未成拱
100-10	4.4	1.5	未成拱

3.1.3 深埋隧道掌子面极限平衡分析

1）掌子面失稳区形态研究

以隧道埋深 300m、水头高度 100m 的严重砂化白云岩地层以及隧道埋深 300m、水头高度 100m 的中等砂化白云岩地层为例，提取掌子面剪切应变云图如图 3-7 所示。通过分析云图，可以看出隧道开挖后上台阶掌子面会出现类楔形的剪切应变联通区，处于该区域的岩体在上覆荷载的作用下，沿剪切滑移层会发生大变形从而导致失稳。

Perazzelli 等[78]采用考虑渗流的楔形体-棱柱体极限平衡模型（图 3-8），本文基于压力拱的受力特点做出修改，具体修改为：考虑压力拱的存在实现了承担上覆岩体荷载的作用，因此取棱柱体长度至压力拱外边界处，棱柱体上方承担上覆岩体的荷载P_0。根据掌子面的形状确定楔形体的高度

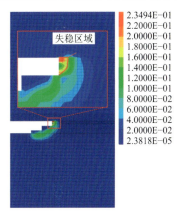

图 3-7　失稳区范围

H，H 可以取掌子面拱顶和拱底之间的最大距离，设掌子面的面积为 A，大小和图中阴影矩形的面积相同，然后根据掌子面面积相等原则，即可确定出楔形体的宽度 B，w 为楔形体破裂角，t 为棱柱体高度，h_0 为模型水头高度。

本模型计算的基本假设为：破坏面周围土体在掌子面局部范围内符合太沙基竖向土压力理论；土层均匀分布且呈各向同性；破坏面上竖向应力呈线性分布；压力拱上方岩体仅考虑自重效应产生的荷载，忽略构造应力等的影响。

2）锲形体上覆土压计算

压力拱上部覆土的竖向土压力可按照全覆土理论进行计算，而压力拱作用区内的竖向土压力可按 Terzaghi 理论进行计算。由于压力拱区域的应力方向发生了偏转，在计算时一

般通过棱柱体侧土压力系数来体现土拱效应的影响，进而体现土拱对掌子面稳定性的积极作用，可参照文献[79]取值：

$$K_h = \frac{\sigma_h}{\sigma_v} = \frac{\cos^2\theta + K_a \sin^2\theta}{\sin^2\theta + K_a \cos^2\theta} \tag{3-1}$$

式中：σ_h——水平应力；

σ_v——垂直应力；

K_a——土体的各项异性系数，$K_a = \tan(45° - \varphi/2)$；

θ——土体应力作用方向与垂直方向的夹角，$\theta = 45° + \varphi/2$。

如图 3-9 所示，棱柱体上方为压力拱外边界，上覆岩体以自重形式施加荷载P_0，取厚度为dz的土体，上下表面分别受有效应力为$\sigma'_z + d\sigma'_z$和σ'_z；侧面受到周围土体的剪切力，同时土体受到渗流水的作用，竖向受力平衡公式为：

$$\frac{d\sigma'_z}{dz} - \frac{K_h \sigma'_z \tan\varphi}{R} = -\gamma' - \gamma_w i_{av} + \frac{c_1}{R} \tag{3-2}$$

式中：R——面积与棱镜的水平横截面的周长之比；

γ'——土体浮重度（kN/m³）；

γ_w——水的重度（kN/m³）；

c_1——岩体的黏聚力（kPa）；

φ——岩体的摩擦角（°）；

i_{av}——高度z处棱镜中的平均垂直水力梯度，计算公式如下：

$$i_{av}(z) = \frac{1}{BH \tan w} \int_0^{H \tan w} \int_{-B/2}^{B/2} \frac{\partial h(x,y,z)}{\partial z} dxdy \tag{3-3}$$

式中：w——根据图 3-8 中失稳区形态取值 32°；

$h(x,y,z)$——液压水头分布公式，棱柱体内和楔形体内的水头近似表达式分别为式(3-4)：

$$\left. \begin{array}{l} h(x,y,z) = h_t + \left\{1 - \exp\left[a\left(1 - \dfrac{z}{H}\right) - b\dfrac{x}{H}\right]\right\}\Delta h \\ h(x,y,z) = h_t + \left\{1 - \exp\left[-b\dfrac{x}{H}\right]\right\}\Delta h \end{array} \right\} \tag{3-4}$$

式中：h_t——掌子面处水头高度；

Δh——模型水头高度；

a、b——参数，通过对模型的水头分布进行拟合得出。

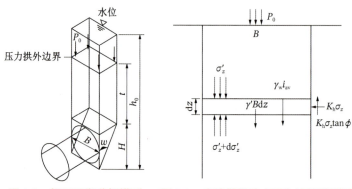

图 3-8　极限平衡分析模型　　图 3-9　太沙基松动土压力计算模型示意

针对物理模型试验设置条件，利用数值模拟得到的水头分布，采用最小二乘法，按式(3-4)拟合，可得a和b的值见表3-4。

不同水位的系数 a 和 b 的取值　　　　表3-4

水位高度（m）	a	b
100	0.676	1.01
70	0.596	1.01
40	0.534	1.01
10	0.49	1.01

将式(3-4)代入式(3-3)得：

$$i_{\mathrm{av}}(z) = \frac{\Delta h}{H} \frac{a(1-\mathrm{e}^{-b\tan w})}{b\tan w} \mathrm{e}^{a(1-\frac{z}{H})} \tag{3-5}$$

通过边界条件$\sigma'_z(H+t)=P_0$，求解微分方程(3-2)得棱柱体内的竖向应力分布公式：

$$\sigma'_z = \frac{\gamma' R - c_1}{K_h \tan\varphi}\left(1-\mathrm{e}^{-\frac{K_h \tan\varphi}{R}(z-H)}\right) + P_0 \mathrm{e}^{-\frac{K_h \tan\varphi}{R}(z-H)} + \gamma_w \Delta h \overline{\alpha} \tag{3-6}$$

式中：$\overline{\alpha}$——渗流引起的有效垂直载荷增加系数，计算方式如下：

$$\overline{\alpha} = \frac{a(1-\mathrm{e}^{-b\tan w})}{b\tan w} \frac{R}{H\lambda\tan\varphi + Ra}\left(1-\mathrm{e}^{-\frac{(z-H)(H\lambda\tan\varphi+Ra)}{HR}}\right) \tag{3-7}$$

式中：λ——土体棱柱体区域侧向压力系数。

联立式(3-6)和式(3-7)，可求得锲形体上方荷载为：

$$V_{\mathrm{silo}} = BH\tan w \cdot \min\left\{0, \frac{\gamma' R - c_1}{K_h \tan\varphi}\left(1-\mathrm{e}^{-\frac{K_h \tan\varphi}{R}t}\right) + P_0 \mathrm{e}^{-\frac{K_h \tan\varphi}{R}t} + \gamma_w \Delta h \overline{\alpha}\right\} \tag{3-8}$$

3）锲形体切片承载力分析

对锲形体切片进行承载力分析，如图3-10所示。以下力作用于切片：其水下重力dG；有效重力的增量dG'；切片底面作用的有效应力V为抵抗力；切片顶面作用的有效应力V+dV为荷载；倾斜滑动面的有效法向应力为dN；倾斜滑动面的有效切向应力为dT；两侧垂直滑动面的有效切向应力dT_s；切片受到渗流力$\mathrm{d}F_x$和$\mathrm{d}F_z$；以及由隧道面处的支撑压力S产生的支撑力dS。平行和垂直于滑动方向的平衡方程为：

$$\begin{cases} \mathrm{d}T_s + \mathrm{d}T + (\mathrm{d}S - \mathrm{d}F_x)\sin w = (\mathrm{d}V + \mathrm{d}G' + \mathrm{d}F_z)\cos w \\ \mathrm{d}N = (\mathrm{d}V + \mathrm{d}G' + \mathrm{d}F_z)\sin w + (\mathrm{d}S - \mathrm{d}F_x)\cos w \end{cases} \tag{3-9}$$

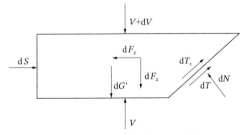

图 3-10　楔形体切片受力模型

其中，锲形体切片有效重力dG'为：
$$dG' = \gamma' B \, dA \tag{3-10}$$
其中，dA计算方法见式(3-11)：
$$dA = z \tan \omega \, dz \tag{3-11}$$
其中，z为从楔形体底部到切片位置的高度。

由隧道面处的支撑压力S产生的支撑力dS按式(3-12)计算：
$$dS = SB \, dz \tag{3-12}$$
倾斜滑动面的有效切向应力为dT和两侧垂直滑动面的有效切向应力dT_s由式(3-13)~式(3-15)计算：
$$dT = \frac{B \, dz}{\cos \omega} c_2 + dN \tan \varphi \tag{3-13}$$
$$dT_s = 2 \, dA(c_2 + \lambda \sigma_z \tan \varphi) \tag{3-14}$$
$$\sigma_z = \frac{V}{Bz \tan \omega} \tag{3-15}$$

参考文献[78]，渗流力dF_x和dF_z的计算方法如下：
$$dF_x = \left(\int_0^{z \tan \omega} \int_{-B/2}^{B/2} \gamma_w \frac{\partial h(x,y,z)}{\partial x} dx \, dy \right) dz \tag{3-16}$$
$$dF_z = \left(\int_0^{z \tan \omega} \int_{-B/2}^{B/2} \gamma_w \frac{\partial h(x,y,z)}{\partial z} dx \, dy \right) dz \tag{3-17}$$

联立式(3-9)~式(3-17)，可以得到与 P. Perazzelli 相同的微分方程(3-18)：
$$B \frac{dV}{dz} - \Lambda V = M \frac{z}{B} + P - B \frac{dF_z}{dz} - B P_s \frac{dF_x}{dz} \tag{3-18}$$
式(3-18)中，各参数的表达式如下：
$$\Lambda = \frac{2\lambda \tan \varphi}{\cos \omega - \sin \omega \tan \varphi} \tag{3-19}$$
$$M = \frac{\Lambda \tan \omega}{\lambda \tan \varphi} B^2 c_2 - B^3 \gamma' \tan \omega \tag{3-20}$$
$$P = \frac{\Lambda B^2 c_2}{2\lambda \tan \varphi \cos \omega} + B^2 S \tan(\varphi + \omega) \tag{3-21}$$
$$P_s = \tan(\varphi + \omega) \tag{3-22}$$

求解微分方程(3-23)并考虑边界条件$V(0) = 0$得：
$$V(z) = C_S(\xi) B^2 S + C_C(\xi) B^2 c_2 - C_\gamma(\xi) B^3 \gamma' - C_{\Delta h}(\xi) B^2 \gamma_w \Delta h \tag{3-23}$$

式中： ξ——与z相关的参数（$\xi = \frac{z}{H}$）；

$C_S(\xi)$、$C_C(\xi)$、$C_\gamma(\xi)$、$C_{\Delta h}(\xi)$——计算参数，见式(3-24)~式(3-29)。

$$C_S(\xi) = \frac{C_V(\xi) - 1}{\Lambda} P_s \tag{3-24}$$

$$C_C(\xi) = \frac{C_V(\xi) - 1}{2\lambda \tan\varphi \cos\omega} + \frac{F(\xi)\tan\omega}{\Lambda\lambda \tan\varphi} \tag{3-25}$$

$$C_\gamma(\xi) = \frac{F(\xi)}{\Lambda^2}\tan\omega \tag{3-26}$$

$$C_{\Delta h}(\xi) = P_s\left(\left(\frac{1}{\Lambda} - \frac{1}{\Lambda\frac{H}{B} + b\tan\omega}\frac{H}{B}\right)e^{\frac{\Lambda H}{B}\xi} + \frac{1}{\Lambda\frac{H}{B} + b\tan\omega}\frac{H}{B}e^{-b\xi\tan\omega} - \frac{1}{\Lambda}\right) \tag{3-27}$$

$$F(\xi) = C_V(\xi) - 1 - \frac{\omega H}{B}\xi \tag{3-28}$$

$$C_V(\xi) = e^{(\Lambda H/B)\xi} \tag{3-29}$$

锲形体与棱柱体交界处（$z = H$）得荷载值为：

$$V(H) = C_S(1)B^2 S + C_C(1)B^2 c_2 - C_\gamma(1)B^3 \gamma' - C_{\Delta h}(1)B^2 \gamma_w \Delta h \tag{3-30}$$

4）掌子面有效支撑力

在极限平衡状态下，棱柱体施加的载荷等于锲形体顶面的荷载：

$$V_{silo} = V(H) \tag{3-31}$$

联立式(3-8)、式(3-30)、式(3-31)得：

（1）$V_{silo} \neq 0$

$$S = F_1\gamma_w\Delta h + F_2\gamma' H - F_3 c_1 - F_4 c_2 + F_5 P_0 \tag{3-32}$$

其中：

$$F_1 = \frac{1}{C_S(1)}\left(C_{\Delta h}(1) + \overline{\alpha}\frac{H\tan w}{B}\right) \tag{3-33}$$

$$F_2 = \frac{1}{C_S(1)}\left(\frac{C_\gamma(1)B}{H} + \frac{R\tan w\left(1 - e^{-K_h \tan\varphi \frac{t}{R}}\right)}{BK_h \tan\varphi}\right) \tag{3-34}$$

$$F_3 = \frac{H\tan w\left(1 - e^{-K_h \tan\varphi \frac{t}{R}}\right)}{C_S(1)BK_h \tan\varphi} \tag{3-35}$$

$$F_4 = \frac{C_C(1)}{C_S(1)} \tag{3-36}$$

$$F_5 = \frac{H\tan w}{C_S(1)B}e^{-K_h \tan\varphi \frac{t}{R}} \tag{3-37}$$

（2）$V_{silo} = 0$

$$S = F_1\gamma_w\Delta h + F_2\gamma' H - F_3 c_2 \tag{3-38}$$

其中：

$$F_1 = \frac{C_{\Delta h}(1)}{C_S(1)} \tag{3-39}$$

$$F_2 = \frac{C_\gamma(1)B}{C_S(1)H} \tag{3-40}$$

$$F_3 = \frac{C_C(1)}{C_S(1)} \tag{3-41}$$

通过计算掌子面支护力，可以判断掌子面稳定所需的支护力大小，当掌子面支护力 $S>0$ 时，说明掌子面前方锲形体无法保持稳定，需要额外的支护力保持稳定。当 $S \leqslant 0$ 时，说明不需要额外的支护力就能保持其锲形体的稳定。

5）掌子面稳定性分析

通过式(3-32)和式(3-38)计算，针对不同工况的掌子面虚拟支护力如图 3-11 所示。从图中可以看出富水砂化白云岩隧道掌子面稳定性与掌子面水位高度呈强相关性，但由于中等砂化地层与弱砂化地层自身较好的承载能力，使得掌子面可以维持自身稳定，但是对于强砂化地层，当水头高度达到 80m 以上时，掌子面将无法维持自稳。这与现场高水头地区开挖会诱发涌水涌砂的现象相符合，但是隧道施工现场发现，对于低水位地区，随着时间的推移，掌子面也会发生失稳涌砂。

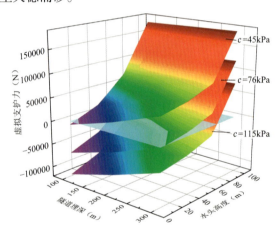

图 3-11 不同工况下掌子面虚拟支护力

现有学者的研究发现，对于松散破碎围岩，在隧道开挖后，围岩中的细颗粒会发生迁移，导致充填介质孔隙结构发生变化，进而加速细颗粒流失，导致孔隙率增大，掌子面自稳能力降低，涌水量增大，最终诱发涌水涌砂灾害。为了探究细颗粒流失对围岩承载力的弱化程度，本节通过室内三轴试验，对不同细颗粒占比的强砂化白云岩进行力学试验。如图 3-12 所示，随着细颗粒占比的减少，岩样孔隙率增大，颗粒间的黏结效果减弱，岩样整体黏聚力呈现明显的衰减。由于渗流损失发生在掌子面区域，因此认为锲形体参数衰减，而棱柱体区域的参数不衰减，将衰减的岩样参数代入式(3-32)和式(3-38)中进行计算，得到掌子面虚拟支护力如图 3-13 所示。

受到渗流损伤作用，强砂化白云岩地层自稳能力下降明显。反映在施工现场，即随着掌子面暴露时间的增加，本来没有发生灾变的掌子面在渗流的作用下也会发生灾变。

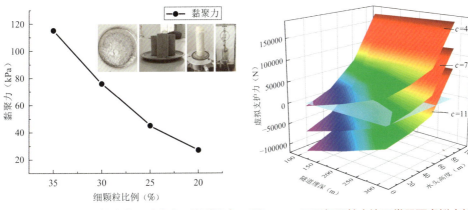

图 3-12　不同细颗粒占比下砂化白云岩黏聚力　　图 3-13　不同细颗粒占比下掌子面虚拟支护力

3.2　基于离散元的局部潜蚀隧道掌子面稳定性

3.2.1　砂化白云岩的局部潜蚀

潜蚀是指地下水渗流作用下岩体内部土颗粒发生迁移的现象，黏聚力弱且细小的土颗粒更容易发生移动。潜蚀易发生在级配不均匀的砂土或者砂卵石中，岩土体的孔隙为潜蚀提供了条件。由于砂化白云岩孔隙率大，且现场揭示的砂化颗粒粒径相差大，开挖前就容易发生潜蚀，开挖后潜蚀突然加剧。

白云岩的最终砂化阶段为严重砂化的白云岩进一步经历潜蚀，使得细颗粒流失，岩土体中粗颗粒形成的骨架逐渐被架空，围岩强度进一步削弱。

吉新隧道 D4K307+375、D4K308+494 等处掌子面即出现了无渗水，开挖破口到潜蚀区域时，发生涌砂的情况。若存在大规模降雨，则直接会发生突水涌砂，灾变范围更大、速度更快，如图 3-14 所示。

a) D4K307+375 处涌砂

b) D4K308+494 处涌砂

图 3-14　局部潜蚀后掌子面涌砂

这种情况较掌子面全部严重砂化的情况更容易发生灾变，这是由于其自身已经无法保持稳定，在无水状态下也极易发生掌子面失稳，因此需对其进行重点分析。

3.2.2 砂化白云岩潜蚀后颗粒级配及力学特性

为了研究颗粒潜蚀对于掌子面的灾变特征及演变规律的影响，首先要获取颗粒组成，需要对涌砂进行现场采样，进行筛分试验。通过测试不同细颗粒含量来得到不同潜蚀程度的砂化白云岩力学强度。试验流程如图3-15所示。

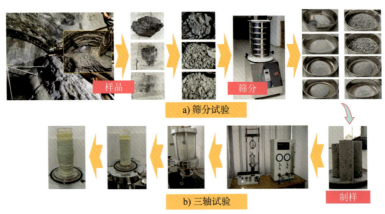

图 3-15　不同潜蚀程度白云岩三轴压缩试验

三轴压缩试验可用于获取各工况下的黏聚力和内摩擦角。试验采用应变控制式三轴仪，它由试验机、量力环、压力室、测控柜、加压系统、量测系统、土样制备工具等几大部分组成。试验得到不同细颗粒含量下土体黏聚力与摩擦角参数如图3-16所示。

从图3-16中可以看出，随着细颗粒质量分数的增多，试样的黏聚力逐渐增大，摩擦角逐渐减小，黏聚力和摩擦角的变化速度都在逐渐减小。逆向来看，随着颗粒流失，黏聚力和摩擦角起初变化较小，在细颗粒含量达到约40%即流失20%时产生突变。

当细颗粒含量为50%时，黏聚力达到了170kPa，摩擦角达到了22.5°，与严重砂化白云岩的黏聚力180kPa、摩擦角22°接近，表明通过增加筛分出的细颗粒来重塑获取试样是可行的，因此近似地将50%的细颗粒含量看作颗粒潜蚀前的状态。因此原来的工况1~6对应的50%~25%细颗粒含量，分别对应颗粒流失0%、10%、20%、30%、40%和50%。

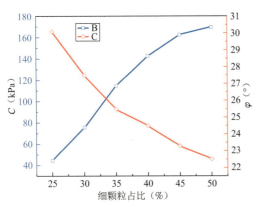

图 3-16　黏聚力和摩擦角随细颗粒含量变化规律

3.2.3 不同细颗粒流失下掌子面灾变模式及演变机理

（1）模型建立与参数标定

静三轴试验可得到的不同细颗粒含量的土体参数，构建DEM（离散单元法）三轴压缩模型如图 3-17 所示,球体颗粒间采用接触黏结模型,线性平行键模型提供了两个界面的行为:一个无限小的、线性弹性(无张力)和摩擦界面;一个有限尺寸、线性弹性和一个承载力和力矩的黏合界面(图 3-18),该模型可以很好地模拟土体的黏结和摩擦行为。压缩过程是通过移动上下"壁"来进行的,这是一种刚性加载板,通过调整侧壁与颗粒的接触压力实现围压的控制。试验可采用 100kPa、200kPa 和 300kPa 三种不同的限制压力。基于莫尔-库仑强度准则绘制强度包络线,由此得到 c、φ 值。颗粒黏结参数见表 3-5 和图 3-19。

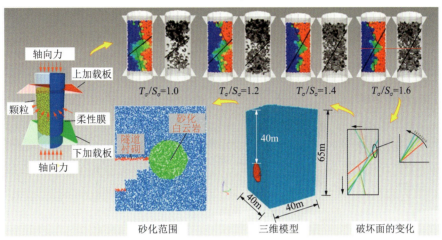

图 3-17　离散元模型(T_σ/S_σ 表示法向/切向黏结强度比)

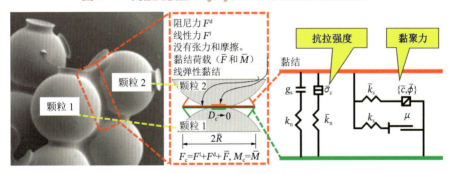

图 3-18　平行黏结模型接触原理

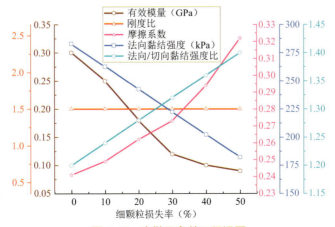

图 3-19　离散元参数工程设置

砂化白云岩砂化后 PFC3D 细观参数　　　表 3-5

试验工况	细颗粒流失	有效模量（GPa）	刚度比	摩擦因数	法向黏结强度（kPa）	法向/切向黏结强度比
1	0%	0.3	1.5	0.241	283.2	1.20
2	10%	0.25	1.5	0.249	263.0	1.24
3	20%	0.18	1.5	0.262	242.7	1.28
4	30%	0.12	1.5	0.273	222.5	1.32
5	40%	0.1	1.5	0.294	202.3	1.36
6	50%	0.09	1.5	0.322	182.1	1.40

采用随机生成法生成地层模型，在横向（X向）40 范围、纵向（Y向）40m 范围和竖向（Z向）65m 范围内生成 50 多万个粒径在 0.4～0.8m 范围内的颗粒（图 3-15）。边界条件采用墙体，立方体除顶面外的其他 5 个表面位置设置 5 面墙体。假设除砂化区域外地层为均匀的，并且砂化区域为半径 8m 的球体。由于衬砌变形相对掌子面灾变涌砂较小，因此衬砌考虑通过固定衬砌部位围岩位移实现[25]。模拟时按照如下流程进行：

①只赋予颗粒密度、有效模量、刚度比，施加重力、墙体刚度等参数，取值与颗粒参数相同，采用自重法进行初始弹开及自重应力平衡。

②初始弹开过后，赋予全部细颗粒损失率为 0%工况下的细观参数，并将最上面 5m 区域密度数值为基本的 13 倍，模拟 100m 埋深隧道，并计算至平衡（不平衡力率小于 10^{-5}）。

③选取局部潜蚀（半径 8m 的球形区域）位置，将其参数替换为所需颗粒流失的细观参数，开启计算至平衡，即得到计算所需初步模型。

④开挖上台阶、中台阶、下台阶至指定位置，固定衬砌部位围岩，开启计算。

本节通过筛分试验获取颗粒级配，确定细颗粒范围，改变细颗粒掺量设计三轴试验工况，获得砂化程度 10%、20%、30%、40%、50%五种工况下的白云岩参数，如图 3-17 所示，探究三维离散元软件 PFC3D 基于接触黏结模型的快速标定方法，在所得细观参数的基础上对五种工况进行三台阶法开挖模拟。

（2）灾变模式分析

通过对掌子面前方围岩的位移进行分析，得到不同工况下扰动区、破坏区的发展模式，对设置的三条路径上竖向应力和水平应力的分析，得到掌子面前方围岩应力状态关于时间-空间的变化规律，从而综合得出砂化白云岩隧道前方局部灾变情况下的掌子面灾变特征及演变机理。图 3-20 为砂化 10%～50%白云岩的 4000s、8000s、12000s 的计算位移结果，不显示位移小于 0.02m 的颗粒，取隧道中线剖面，其中黑色圆圈代表砂化程度较强发生潜蚀细颗粒流失砂化的区域。

由图 3-20a）可以看出，当白云岩砂化 10%时，开挖后掌子面产生小规模崩塌，计算至 8000s 时扰动区和破坏区均趋于稳定，均呈现椭球状，表明砂化 10%时在局部坍塌后，仍能保持稳定。扰动区上缘位于拱顶 4m，前缘位于掌子面前方 7.5m，破坏区上缘位于拱顶 1.2m，前缘位于掌子面前方 3.7m。当砂化 20%时，如图 3-20b）所示，掌子面塌落发生突变，形成大规模涌砂，且扰动区与破坏区不断扩大，不采取措施将持续灾变，因此砂化 20%为严重砂化白云岩潜蚀后隧道掌子面灾变的突变点。拱顶的非砂化区域也逐渐发展为破坏区，这是由于砂化区域内掌子面区域的砂化白云岩涌出形成空腔，围岩无法自稳，在形成新的压力拱的过程中逐渐剥落导致的，对于存在"砂包石"的严重砂化白云岩容易发生大块的白云岩块掉落。如图 3-20c）~e）所示，当白云岩砂化为 30%、40%、50%时，破坏模式与发展规律与细颗粒砂化为 20%时相同，扰动区和破坏区发生进一步的发展。从 12000s 的位移图可以看出，最终形态大小相差不大，扰动区逐渐遍布整个潜蚀区域，破坏区约占潜蚀区域的一半。最终扰动区发展至约拱顶 13.9m，掌子面前方 15.4m，破坏区发展至拱顶 9.0m，掌子面前方 8.1m。

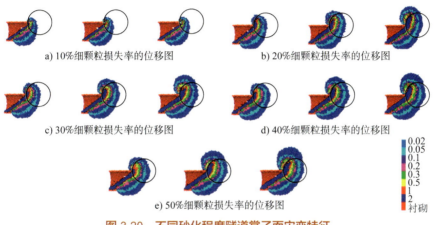

图 3-20 不同砂化程度隧道掌子面灾变特征

（3）纵向路径上应力变化规律分析

纵向路径上不同砂化程度白云岩隧道应力变化规律如图 3-21 所示。图 3-21a）和图 3-21b）为砂化 10%隧道水平应力和纵向应力变化，掌子面前方 6m 范围内应力逐渐减小，尤其是 4m 范围内基本减小为 0，表明掌子面前方 4m 范围内完全破坏、0~6m 范围内为卸荷区。隧道开挖后，掌子面前方 2m 处应力直接减小，前方 4m、6m 处先增大后减小，表明在前方 4m、6m 处形成了短暂的拱效应，但无法维持稳定，随后破坏。掌子面前方 8m、10m、12m 处应力持续增大，随着计算的进行，应力逐渐趋于平衡，表明位于掌子面前方约 8~12m 的拱效应可以维持掌子面稳定。图 3-21c）和图 3-21d）为砂化 20%隧道水平应力和纵向应力变化，隧道前方 4m、6m 均形成了短暂的拱效应，随后崩解。不同的是，前方 8m、10m、12m 处形成的拱效应也逐渐支撑不住，只能通过变形来卸荷，同时应力增大区位置往深部迁移，但是越往深部延伸，应力增大区增大的程度越小。前方 8m 处应力维持到了约 1500s，10m 处维持到了约 5100s，12m 处维持到了 7200s。当白云岩砂化为 30%、40%、50% 时，纵向路径上各点水平应力、竖向应力如图 3-21e）～j）所示。随着砂化程度的增大，应力增大区继续朝深部延伸，颗粒砂化程度越高，同一位置应力衰减的时间越早，以前方 10m 处为例，砂化 30%、40%、50% 时应力增大分别维持到了 3200s、2200s 和 1900s，因此砂化程度越大，掌子面涌砂发展越快。

对于掌子面前方的岩土体，其应力变化规律可以分为三个阶段：

①第一个阶段：增长阶段，这个阶段测点处于拱效应范围内，由于掌子面土体的逐渐崩塌剥落，需要拱效应区域形成更强的支撑体系，因此测点处应力逐渐增长。

②第二个阶段：迅速减小阶段，这个阶段由于测点处形成的支撑体系无法承受逐渐增大的应力，迅速崩解破坏，通过快速变形进行应力释放，所以这个区域应力减小迅速。

③第三个阶段：平缓阶段，这个阶段是由于测点处土体快速变形卸载后，残余的土体强度能够逐渐抵抗剩余的应力，因此应力逐渐趋于平稳。靠近掌子面的区域由于处于破坏区，土体崩解坍塌，因此监测到的应力会趋近于 0。

通常情况下应力增大区内边界以内的岩土体会经历全部三个阶段，而应力增大区范围内的土体只会经历第一个阶段，应力增大区外边界以外的土体可以认为未扰动。砂化程度程度越高，第一个阶段持续的时间越短，第二阶段的应力减小越迅速，第三个阶段所能维持的应力水平越低。同时，全部经历三个阶段的土体范围越大。

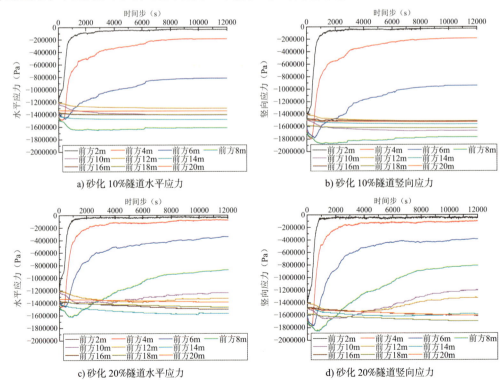

图 3-21

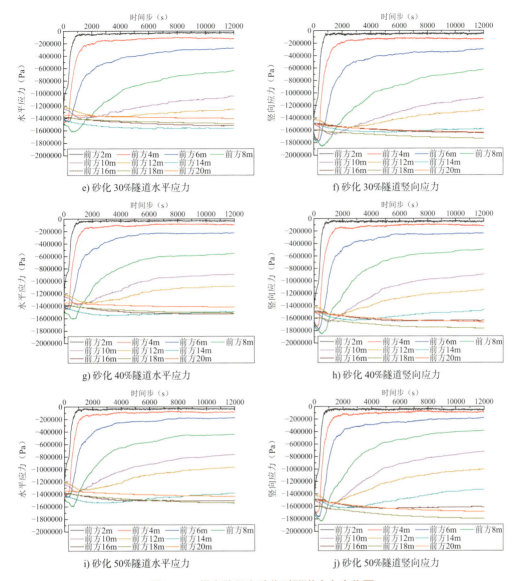

图 3-21 纵向路径上砂化时隧道应力变化图

（4）竖向路径上应力变化规律分析

对竖向路径上砂化时隧道水平应力、竖向应力进行分析，可以探明掌子面灾变过程中，掌子面前方拱顶上方区域应力演变规律。竖向路径上不同砂化程度白云岩隧道应力变化规律如图3-22所示。当砂化为10%时，掌子面前方拱顶2m处应力快速减小到0，表明此处塌落，5m、8m处竖向应力逐渐减小，水平应力逐渐增大，主应力方向发生偏转，形成约3m厚的水平拱效应。其他区域应力基本不发生变化。当砂化为20%时，掌子面发生突变持续涌砂，拱顶2～11m处竖向应力逐渐减小为0，水平应力经历先增大后迅速减小，表明拱顶形成拱效应，但无法承受逐渐增大的应力从而破坏，不断调整后自下至上逐渐塌落形成空腔，拱效应越往围岩深处能够维持的时间越长。拱顶14～20m处水平应力持续增大，竖向应力缓慢减小，主应力方向逐渐发生偏转，形成约6m厚的压力拱。当砂化为30%、40%、50%时，各点形成的拱效应能够持续的时间继续逐渐减小，以拱顶 8m 为例，后四种工况下能够维持的时间分别为 4000s、3250s、2800s、2700s。应力增大区基本稳定在拱顶 14～20m 之间。

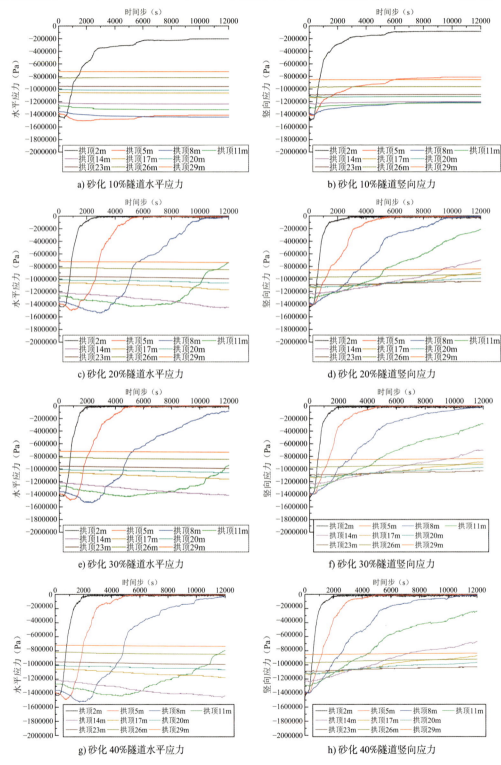

图 3-22

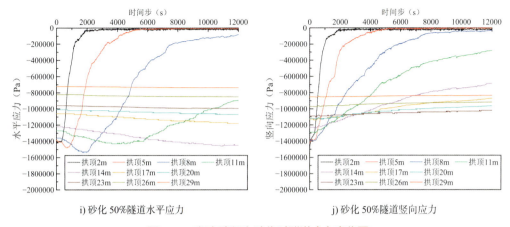

i) 砂化50%隧道水平应力　　　　　　j) 砂化50%隧道竖向应力

图 3-22　竖向路径上砂化时隧道应力变化图

（5）水平路径上应力变化规律分析

对水平路径上砂化时隧道水平应力、竖向应力进行分析，可以探明隧道掌子面灾变过程中，掌子面前方两侧区域应力演变规律。水平路径上不同砂化程度白云岩隧道应力变化规律如图 3-23 所示。当白云岩砂化 10%时，隧道掌子面右侧 2m、4m、6m、8m 处竖向应力逐渐增大，4m 处增大最多，2m 处增大到 500s 时开始减小，后逐渐平缓，整体变化不大，水平应力逐渐减小，2m 处减小最多，至 0.7MPa 左右，表明此种工况下掌子面两侧围岩相对稳定，只发生表层松动。当砂化 20%时，掌子面右侧 2m、4m 处竖向应力先增大后减小，出现拱效应动态调整现象。2m 处水平应力减小至小于 0.4MPa，松动程度更高，但仍然没有完全消失，表明水平方向上发生小范围坍塌没有形成大于 2m 范围的空腔，因此相对于纵向路径和竖向路径，水平路径上的掌子面更为稳定。当砂化为 30%、40%、50%时，水平路径上的应力变化趋势同 20%工况下类似，区别主要在于右侧 4m 处能够维持的拱效应时间，20%~50%工况下分别为 7300s、4600s、3100s、3000s，水平路径上的拱效应稳定在掌子面前方拱腰一侧外 4~8m。

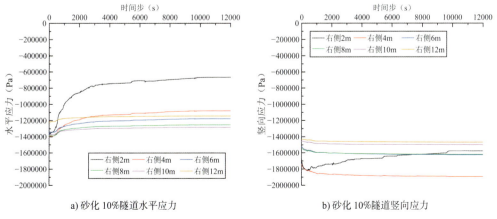

a) 砂化10%隧道水平应力　　　　　　b) 砂化10%隧道竖向应力

图　3-23

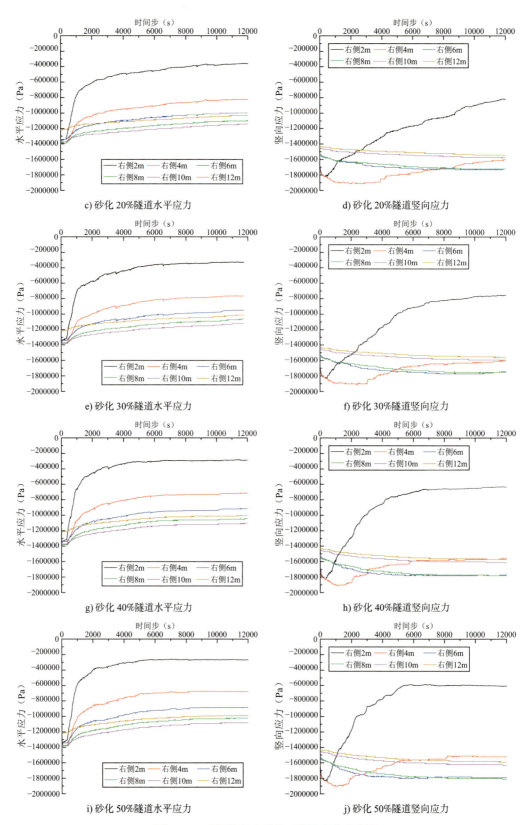

图 3-23 水平路径上砂化时隧道应力变化图

3.3 基于离散元-有限元耦合的掌子面稳定性

PFC3D 和 FLAC3D 是美国 ITASCA 公司开发的主要用于岩土工程领域的数值分析软件，其中 PFC3D（Particle Flow Code in 3 Dimensions）是一种通用的 DEM 数值分析软件，而 FLAC3D（Fast Lagrangian Analysis of Continua in 3 Dimensions）是一种连续介质力学分析软件。本试验利用 PFC3D 创建与区域面或基于壳的结构单元表面重合的墙，墙由边连接的三角形面组成，其中定点速度和位置可以指定为时间的函数，然后通过获取与壁面的接触力和力矩并确定面定点处的等效力系统来完成离散元系统和连续介质系统的耦合。这些力根据刚度贡献传递到网格点或节点，并检查刚度和力学准则来触发连续单元的更新。

通过 PFC3D 和 FLAC3D 两个软件，可以实现离散—连续耦合数值分析，这种耦合分析有以下优势：

（1）既可以得到有限元分析中常见的局部应力、位移等场数据，也可以得到离散元中各离散单元的速度、位移等个体数据，利于进行宏观和微观分析。

（2）能分析离散单元和连续单元互相影响造成的综合效应。

（3）一定程度上可以缓解离散单元法占用过多计算资源的缺点，加快计算时间。

3.3.1 数值模型

由于砂化后的白云岩在开挖扰动后呈粉末状、砂状，整体性极差，故针对这一情况，采用离散—连续耦合数值分析方法，砂化白云岩采用离散元模型模拟其力学行为，而未砂化白云岩采用连续单元模拟，且假定未砂化白云岩不会产生塑性变形。

隧道轮廓模拟吉新隧道现场实际情况，如图 3-24 所示，采用圆柱体空间生成离散元颗粒，以模拟砂化白云岩部分，且由于开挖的扰动，掌子面附近颗粒粒径更小，而远离掌子面部分粒径更大，这也跟现场的情况相吻合。经过试算，最后确定砂化圆柱体的高为 20m，半径为 15m，圆心为掌子面中心。因为砂化白云岩颗粒间仅有一定的黏结力，无法承受弯矩，故离散元颗粒间的相互作用模型采用接触黏结模型，该模型的本构关系如图 3-25 所示。考虑到边界效应，整个连续介质模型为 110m×110m×100m 的长方体，其中平行隧道轴向边长为 100m，本次分析不考虑埋深的作用，仅分析掌子面失稳的动态过程，故均采用统一埋深，计算时假设未砂化白云岩不会产生塑性变形，故连续介质部分采用弹性模型。数值模型如图 3-26 所示，同时为了监测掌子面应力变化，本次分析设置了监测球，如图 3-27 所示，监测球的作用是计算球范围内的黏结面或颗粒的某项数据的平均值，起到类似于连续介质监测点的作用。监测球直径为 4m，球心在掌子面后 2m，各监测球球心上下间隔为 2m。

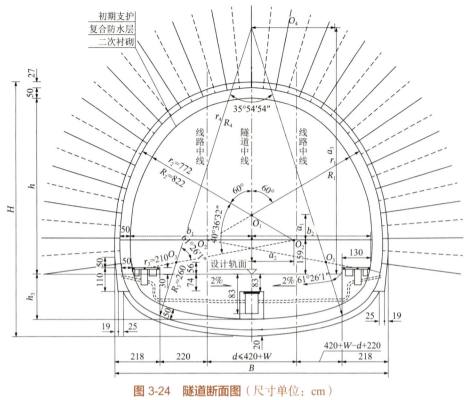

图 3-24 隧道断面图（尺寸单位：cm）

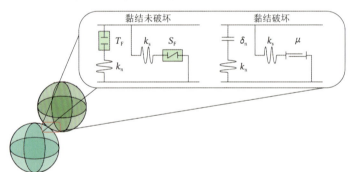

图 3-25 接触黏结模型本构关系

T_F-抗拉强度；S_F-剪切强度；k_n-法向刚度；k_s-切向刚度；δ_n-链接间距；μ-摩擦系数

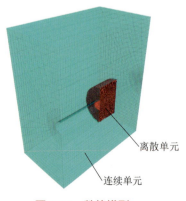

图 3-26 数值模型

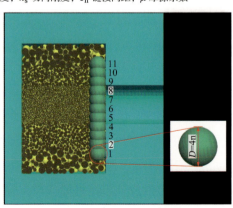

图 3-27 监测球示意图

3.3.2 细观参数的标定

对岩土类材料的性质进行评价往往需要先确定其本构模型,然后确定其中的关键参数,例如对于莫尔-库仑模型,就要确定其弹性模量(E)、泊松比(ν)、黏聚力(c)、内摩擦角(φ),这些关键参数都是宏观的,即视为连续介质材料时,通过对整个试样做物理力学试验得到其参数,但进行离散元分析时,使用的参数是细观参数,即单个离散单元所具有的性质,例如法向黏结强度、切向黏结强度、摩擦因数、有效模量、刚度比等参数,宏观参数和细观参数之间现在还没有确定的联系,只能通过数值模拟试验与实际室内试验比较得到细观参数。

据此,本研究利用 ITASCA 公司编写好的三轴试验代码,进行数值模拟三轴试验,试样大小与实际室内试验相同,高为 100mm,底面直径 50mm。由于尺寸效应的影响,试样尺寸与颗粒平均半径的比值应该大于 40,故颗粒直径选取在 1.0~1.6mm 之间,满足此条件。数值模型如图 3-28 所示,数值试验模型由颗粒和三面墙组成,其中上下墙在试验进行中以固定速率向内挤压,而侧墙负责施加固定的围压,侧墙通过不断地改变施加荷载的速率,保证围压为设定的恒定值。根据试算以及其他学者的研究,并参考物理力学试验的结果,本次试验采取法向黏结强度(tens)与切向黏结强度(shears)之比为 1∶5 的比例进行标定,数值模拟三轴试验的典型应力应变曲线见图 3-29,其中纵轴为偏应力,即 $\sigma_1 - \sigma_3$。

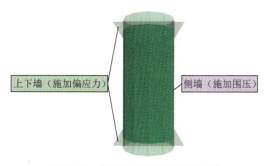

图 3-28 数值模拟三轴试验模型

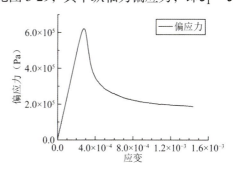

图 3-29 数值模拟三轴试验应力应变曲线

3.3.3 计算工况

为研究砂化白云岩隧道掌子面失稳机理,本试验选取了四个砂化等级的砂化白云岩作为分析的四种工况,分别是微弱砂化、轻度砂化、中等砂化、严重砂化,四种砂化等级下的典型物理力学参数见表 3-6,经过细观参数标定后,各个砂化等级白云岩的细观参数见表 3-7。

各砂化等级白云岩物理力学参数 表 3-6

砂化程度	黏聚力(kPa)	内摩擦角(°)	重度(kN/m³)	弹性模量(GPa)	泊松比
微弱砂化	652	36.14	28.4	16.3	0.25

续上表

砂化程度	黏聚力（kPa）	内摩擦角（°）	重度（kN/m³）	弹性模量（GPa）	泊松比
轻度砂化	416	29.68	27.9	12.1	0.26
中等砂化	268	14.03	27.3	7.5	0.28
严重砂化	141	10.20	26.8	3.6	0.30

各砂化等级白云岩细观参数　　　　　　表 3-7

砂化程度	法向黏结强度（kPa）	切向黏结强度（kPa）	摩擦因数	有效模量（GPa）	刚度比
微弱砂化	610	3050	0.6	16.3	1.1
轻度砂化	300	1500	0.7	12.1	1.2
中等砂化	190	950	0.2	7.5	1.3
严重砂化	110	550	0.1	3.6	1.5

3.3.4　计算结果及分析

本节主要从掌子面失稳情况、应力变化、黏结破坏情况三个角度对计算结果进行分析，以对掌子面失稳的机理有一个全面的认识。

（1）掌子面失稳情况

经过离散—连续耦合计算，四种工况下的掌子面及洞周位移云图如图 3-30 所示，可见，在微弱砂化和轻度砂化情况下，掌子面并未发生失稳现象，而在中等砂化和严重砂化情况下，掌子面出现了失稳现象，可见砂化程度的加剧是掌子面失稳的主要原因。严重砂化时，甚至引起了上方围岩的完全失稳，失稳时，颗粒位移的间断面都类似于对数螺线的形状。

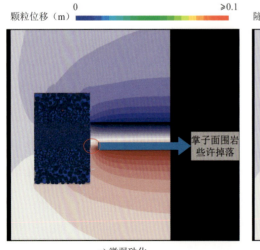 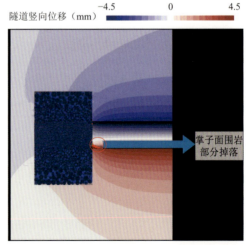

a) 微弱砂化　　　　　　　　　　　　b) 轻度砂化

图　3-30

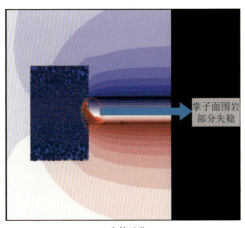 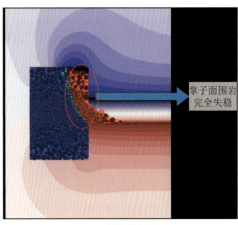

| c) 中等砂化 | d) 严重砂化 |

图 3-30 砂化白云岩隧道洞周竖向位移及掌子面位移云图

隧道拱顶的位移对比见表 3-8，可见当白云岩砂化程度越高，隧道拱顶的沉降也越大，尤其当掌子面失稳以后，拱顶沉降的增长显著提高，说明掌子面失稳的影响不仅仅在掌子面，同样对已开挖的隧道结构造成影响，可能造成隧道发生大变形破坏，且主要发生在拱顶处。

不同砂化程度白云岩隧道拱顶沉降 表 3-8

砂化程度	微弱砂化	轻度砂化	中等砂化	严重砂化
沉降（mm）	2.54	2.79	3.48	4.74

（2）应力变化以及黏结破坏情况

研究掌子面的失稳机理，在研究应力变化时主要研究失稳的工况，即中等砂化和严重砂化的情况。监测球监测到的掌子面应力变化情况如图 3-31、图 3-32 所示，横轴的循环数为 PFC3D 计算中的循环次数，一个循环代表在一定的时间步下进行一次完整的平衡计算，循环数代表了计算中虚拟的时间概念，循环数越多，代表时间越长。纵轴的应力为围岩所受铅锤方向的正应力，拉为正，压为负。可以看到的是，掌子面在失稳至一个临界平衡状态时分为三个阶段：劣化形成阶段（Ⅰ）、劣化发展阶段（Ⅱ）、失稳阶段（Ⅲ），且根据下方循环数的数据来看，中等砂化白云岩掌子面前两个阶段更长，也即失稳过程更为缓慢，而强烈砂化白云岩掌子面失稳更加快，亦即围岩条件越差，更需要及时采取支护措施保证掌子面的安全。同时可以发现，监测球 4、5、6、7、8 大致按照埋深，呈应力逐渐递减的状态，然而位于掌子面上方的 9、10、11 监测球出现应力反常较高的情况，这种情况是由于掌子面开挖后围岩的挤出效应造成的，围岩在掌子面上方受到一定的约束，导致应力比露出的掌子面应力更高，这种情况在砂化白云岩中又导致围岩更加破碎，因为挤出的围岩主要是掌子面上方一定范围内的围岩，而这部分的围岩受到的应力也较大，形成了一种恶性循环，围岩不断挤出，而破碎的岩体从掌子面露出，又有新的围岩处于被挤出的位置，这也是严重砂化白云岩会发生掌子面上部围岩整体失稳的原因。

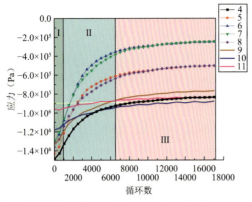
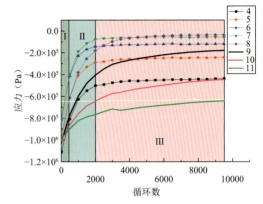

图 3-31　中等砂化白云岩掌子面应力时程曲线　　图 3-32　严重砂化白云岩掌子面应力时程曲线

下面分析中等砂化白云岩地层三个阶段掌子面的应力变化以及黏结破坏情况，研究黏结破坏情况是因为黏结一旦破坏，颗粒间就失去了约束力，颗粒可以自由地相互远离，就类似于连续介质的断裂，但不同点是颗粒间还可以承受摩擦力。

在阶段 I，掌子面范围内围岩的铅垂方向（Z方向）压应力迅速降低，而远离掌子面处的 z 方向压应力变化不大，如图 3-31 所示。由于围岩的挤出效应，掌子面在临空面附近出现压应力明显降低甚至出现拉应力的情况，且从掌子面上看，应力降低主要在掌子面轮廓附近，如图 3-33 所示。与此同时，掌子面周边的围岩颗粒间的黏结受拉破坏，并且逐步由周边向掌子面中心发展，如图 3-34 所示，由于砂化白云岩承受拉应力的能力相当弱，可见掌子面围岩中出现的拉应力是掌子面失稳的主要原因。掌子面轮廓附近出现这些情况，原因是在周边围岩的边界变化较大，出现了应力集中，应力状况复杂，且由于挤出效应，隧道轮廓边界附近产生的应力变化最大。此时，掌子面还未发生明显的失稳变形。

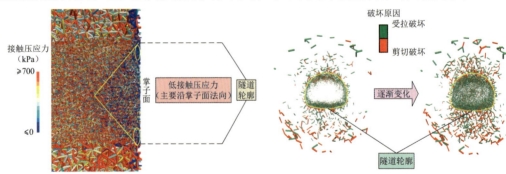

图 3-33　阶段 I 掌子面接触压应力纵断面图　　图 3-34　阶段 I 掌子面颗粒黏结破坏情况纵断面图

在阶段 II，掌子面围岩的 Z 方向应力已经低于上覆未临空围岩应力，如图 3-31 所示。压应力降低以及拉应力出现的区域从掌子面轮廓向掌子面中心发展，且从掌子面向掌子面前方发展，发展的范围大致呈一个扇形区域，如图 3-35 所示。并且由于拉应力的出现，掌子面核心围岩的黏结破坏逐渐占据主要部分，而掌子面周边的黏结破坏发展缓慢，如图 3-36 所示，其原因还是掌子面中心受到的约束更小，变形更容易发展，以至于产生了拉应力。此时，掌子面开始发生初步的失稳变形，如图 3-37 所示，最先发生失稳的也是最先发生黏结破坏和应力降低的掌子面轮廓附近，这表明拉应力的产生和黏结的破坏是导致掌子面失稳的主要原因。

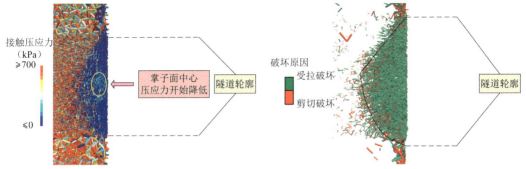

图 3-35　阶段Ⅱ掌子面接触压应力纵断面图　　图 3-36　阶段Ⅱ掌子面颗粒黏结破坏情况纵断面图

在阶段Ⅲ，掌子面围岩的Z方向应力已经趋于稳定，如图 3-31 所示。由于黏结的破坏，以及掌子面的部分失稳，掌子面围岩的低接触压应力区也在逐渐向内发展，如图 3-38 所示。由于颗粒的黏结强度不足，黏结仍在不断破坏，而且可以看到，发生剪切破坏的黏结明显增多，这是由于失稳的颗粒增多，这些颗粒在自重的作用下使围岩产生了剪切破坏，如图 3-39 所示。此时，掌子面砂化颗粒已经发生较大的位移，即将发生掌子面失稳，如图 3-40 所示。

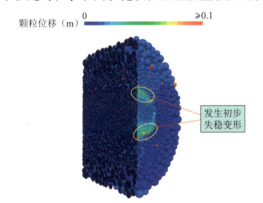 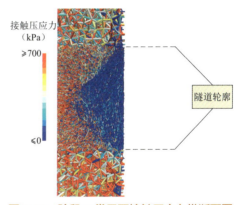

图 3-37　阶段Ⅱ掌子面颗粒位移云图　　图 3-38　阶段Ⅲ掌子面接触压应力纵断面图

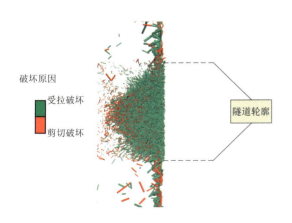 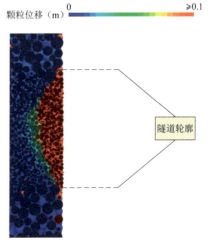

图 3-39　阶段Ⅲ掌子面颗粒黏结破坏情况纵断面图　　图 3-40　阶段Ⅲ掌子面位移纵断面云图

在这个三个阶段后，掌子面围岩的微观损坏几乎停滞，而随之而来的是掌子面发生大变形，发生滑塌破坏、形成拱顶空洞，如图 3-41 所示。若要控制掌子面的失稳破坏，这三个阶段是关键。

对于强烈砂化的白云岩来说，经过计算后发现，除了失稳的过程更快，自稳能力更差，整个掌子面前方土体都将发生失稳破坏，掌子面前方围岩的应力会在失稳过程中因围岩塌落发生较大波动以外，与中等砂化情况并无本质的区别，失稳仍然是从掌子面周边向掌子面中心发展。对比轻度砂化的围岩，可以发现在轻度砂化的情况下，掌子面周边的黏结仍然发生了一定的破坏现象，但掌子面中心围岩的黏结并未发生严重的破坏，如图 3-42 所示。这表明掌子面中心围岩的性质是掌子面是否失稳的决定性因素。

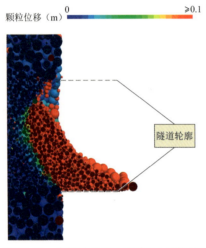

图 3-41 中等砂化白云岩掌子面纵断面最终位移云图

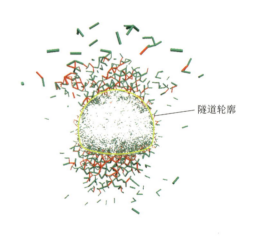

图 3-42 轻微砂化白云岩掌子面颗黏结破坏情况

第 4 章

富水砂化白云岩隧道防突厚度研究

4.1 砂化白云岩地层突涌致灾构造分析

4.1.1 蓄水结构分析

蓄水结构作为灾害源是突涌发生的原动力,是一定空间内的水体、堆积体及空腔构成的混合体,具有明显的储能特征[32]。本节将介绍采用物探技术对隧道掌子面前方富水情况以及围岩破碎程度进行探测的方法,结合地质构造分析富水砂化白云岩的蓄水结构特征。

(1) 物探分析

物探技术是当前地质工作中的一项现代化勘查技术。工程物探可对隧道的地质灾害问题进行揭示,如借助瞬变电磁、地质雷达,可对发生灾变的掌子面进行探测。本节选取代表性里程 D4K307 + 520～D4K307 + 600 段进行分析。

瞬变电磁可以通过探测隧道前方地质体的电阻率,实现对富水区域的判别。由于矿物质水作为良导体,电阻率低,因此视电阻率呈现低电阻状态(图 4-1)。在距离掌子面 20～40m 范围内存在富水区。

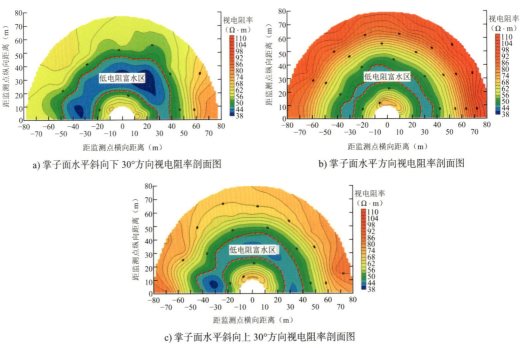

图 4-1 掌子面瞬变电磁结果

地质雷达可以对前方地质体的均匀性进行探测。地质雷达对于局部破碎、富水岩溶等情况会产生信号的异常衰减,从而造成信号结果的畸变。如图 4-2 所示,在掌子面前方 20m 处围岩岩溶极其发育且富水。结合已有的地质预报结果可知,砂化白云岩地层的特点之一在于地层受岩溶影响赋存大量水囊。

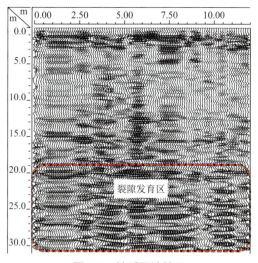

图 4-2　地质雷达结果

（2）地质构造影响

隧址区活动断裂发育（图 4-3），吉新隧道受普雄—牛日河活动性断裂带影响。普雄—牛日河活动性断裂带作为大凉山断裂的次级断裂，段内岩层代表产状为 N27°W/N32°NE 及 N-S/45°E。受构造影响，围岩节理较发育，段内主要发育有两组：①N35-70°W/40-85°NE、②N10-70°E/50-85°NW；一般节理间距 0.1～1.0m，为微张至宽张型，少量充填，延伸性较好。

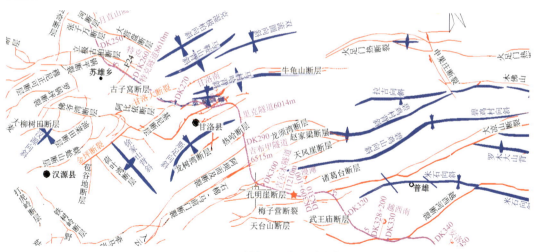

图 4-3　隧址区活动断裂分布

受活动性断裂带以及断层影响，隧址区围岩节理发育，产生了网络状的节理裂隙，由于岩体破碎，为地下水的赋存和迁移形成了良好的通道与空间。由于隧址区白云岩在水的溶滤作用和白云岩砂化的循环作用下，孔隙率增大，砂化后容易形成良好的储水结构及填充溶腔（图 4-4）。在雨季，溶腔得到大气降雨的补充，在地层中形成大小不等的水囊。

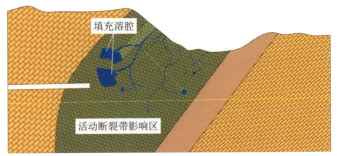

图 4-4 富水砂化白云岩致灾构造示意图

4.1.2 防突结构分析

防突结构既是阻挡灾害源的保护结构，同时突涌发生时又是灾害源的一部分。防突体的破坏模式以及自身的力学特性极大地影响隧道涌水涌砂的模式以及突涌的难易程度。

防突结构的形式多样，不同强度和透水性质的防突结构对突涌的发生影响巨大。完整岩体、节理发育岩体及渗透性好的填充介质下，突涌发生的模式均不相同。因此，分析未砂化的隧址区防突岩体及砂化后的防突岩体，对突涌模式的揭示具有重要意义。

（1）未砂化防突层特征

受大凉山活动断裂带次断裂普雄—牛日河活动性断裂带其衍生断层破碎带影响，未砂化白云岩存在大量的节理裂隙，对隧道内掌子面调研，如图 4-5 所示。防突层节理裂隙发育，造成防突层承载力下降。破碎的白云岩岩体主要由离散体相互胶结而成，岩体抗剪强度较弱，节理裂隙易成为岩溶水的优势运移通道。

未砂化破碎白云岩防突层概化模型如图 4-6 所示。防突层结构节理裂隙发育，受节理裂隙影响，防突层承载能力弱。受开挖扰动和裂隙水压影响，防突层裂隙发育贯通诱发失稳松动剥离，同时形成涌水通道，进而发生涌水涌砂。

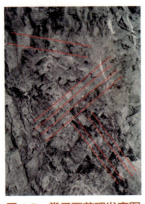 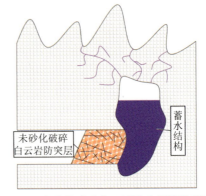

图 4-5 掌子面节理发育图　图 4-6 未砂化破碎白云岩防突层概化模型

（2）砂化白云岩防突层特征

白云岩砂化是一种特殊的岩溶现象，岩溶会降低岩石强度、破坏岩体完整性、形成各种洞隙。结构面的存在为地下水的流体与赋存提供了条件，因此砂化现象沿结构面最先开始，形成规模不等的砂化条带网络（图4-7、图4-8），随着地下水向裂隙两侧渗透，造成溶蚀范围逐步增大，砂化条带逐渐向结构面两侧扩张；渐渐地不同砂化条带间的岩石均被溶蚀侵蚀砂化，最终使得白云岩岩体整体溶蚀。

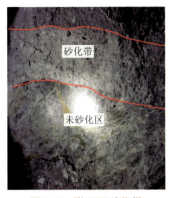 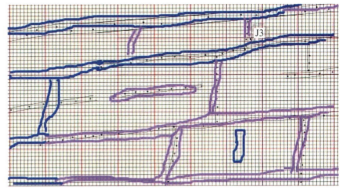

图4-7　掌子面砂化带　　　　　图4-8　掌子面砂化带分布素描

当岩体中的各种结构面以张开状态为主时，为水岩作用提供了条件，裂隙周边白云岩岩溶发育，出现明显的砂化现象。图4-9为这一局部砂化带的概化模型，该模型中岩体中沿大部结构面都有砂化现象。随着砂化发育程度的不同，砂化带沿裂隙两侧会有不同程度的发育宽度，此时，该段围岩地质条件差，围岩以Ⅳ类为主。

当溶蚀向结构面完全扩张，如图4-10所示，结构面之间的岩体均砂化侵蚀，没有明显的结构面特征，岩石强度大部丧失或完全丧失，岩体砂包石状散体结构，此时，该段围岩地质条件极差，围岩为Ⅴ类。

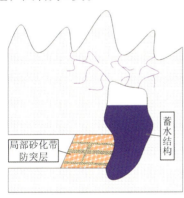 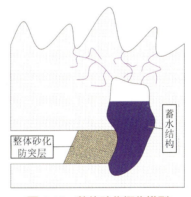

图4-9　局部砂化带概化模型　　　图4-10　整体砂化概化模型

4.2　砂化白云岩地层突涌致灾机制分析

4.2.1　涌水涌砂模型试验设计

（1）模型试验系统

研究团队自主开发了深埋隧道高水压涌水涌砂试验系统，试验系统由模型箱体、地应力加载系统、水压加载系统及监测系统组成,如图 4-11 所示。

①模型箱体:整体尺寸为 2400mm(长)× 800mm(宽)× 1800mm(高)。

②地应力加载系统:由反力架、液压千斤顶、钢板组成。液压千斤顶在反力架的支撑下,向模型箱顶部施加荷载。

③水压加载系统:由底座、加载水箱、补给水箱、水泵、输水管道组成。水压加载系统的工作原理为:通过水泵、输水管道将补给水箱中的水送至加载水箱,满足水头高度;通过水泵、输水管与加压水箱进水口外接软管相连,将补给水箱中的水抽至加压水箱,再通过加压水箱出水口外接软管向模型箱内注水,使模型水箱内压力水作用于模型。

④试验监测系统:由掌子面影像收集、掌子面前方围压监测、涌水量监测三部分组成。

图 4-11 深埋隧道高水压涌水涌砂试验系统

(2)相似比与相似材料

流固耦合模型试验需要考虑模型流体性质的相似,根据流固耦合方程、相似比方程、物理方程、边界条件等求出相似关系[80],采用相似判据为:

$$\frac{C_k C_p}{C_l^2} = 1 \tag{4-1}$$

$$\frac{C_p}{C_\gamma C_l} = \frac{C_\sigma}{C_\gamma C_l} = \frac{C_E}{C_\gamma C_l} = \frac{C_c}{C_\gamma C_l} = 1 \tag{4-2}$$

$$\frac{C_k C_\gamma}{\sqrt{C_l}} = 1 \tag{4-3}$$

$$C_\varphi = C_\mu = 1 \tag{4-4}$$

式中:C_p——水压相似常数;

C_l——几何相似常数;

C_k——渗透系数相似常数;

C_γ——重度相似常数;

C_σ——应力相似常数;

C_E——弹性模量相似常数;

C_c——黏聚力相似常数;

C_φ——摩擦角相似常数；

C_μ——泊松比相似常数。

本次试验采用几何相似比为$C_l = 50$，其余各相似常数的相似比见表4-1。

各物理力学参数相似比　　　　　　　　　　　　　　　　　　表4-1

物理量	相似比	物理量	相似比
几何尺寸l	50	摩擦角φ	1
弹性模量E	50	泊松比μ	1
黏聚力c	50	渗透系数k	7.07
重度γ	1	应力σ	50

根据Heok给出的未砂化围岩破碎程度（GSI）取值方法，GSI取值为15。根据图4-10，GSI = 15的未砂化白云岩黏聚力为825kPa，摩擦角为41.06°。破碎白云岩的渗透系数取值基于张良喜[37]对完整白云岩渗透系数的测试，以及宋琨[81]和刘仰鹏[82]提出的GSI值与破碎岩体渗透系数的对应关系，可对GSI = 15的破碎白云岩取渗透系数1.26×10^{-5}cm/s。

未砂化白云岩相似材料要求在水的作用下，材料性质稳定，有一定的强度，渗透性较小，对水有较好的阻隔作用。采用黏土颗粒以及细砂作为集料，集料配比3∶2。胶结材料选择质量分数3%的白水泥。砂化白云岩作为渗透介质，强度低。对于此类岩体的相似材料应主要满足渗透相似。选用100~12500目重晶石粉和40目石英砂作为集料，模拟出砂化白云岩的级配。采用细砂与重晶石粉2∶1（质量比）的比例混合作为集料，采用质量分数0.5%的白水泥作为胶结材料。相似材料与原材料参数对比见表4-2。

相似材料与原材料参数对比　　　　　　　　　　　　　　　　表4-2

材料名称		黏聚力c（kPa）	内摩擦角φ（°）	渗透系数k（cm/s）
未砂化白云岩相似材料	原型	825	41.06	1.26×10^{-5}
	模型	21.5	40.12	1.67×10^{-6}
	相似比	39.37	1.02	7.55
	理论相似比	50	1	7.07
砂化白云岩相似材料	原型	94.62	26	5.1×10^{-4}
	模型	4.07	25.2	6.52×10^{-5}
	相似比	23.25	1.03	7.82
	理论相似比	50	1	7.07

（3）工况设计与监测

为探究不同防突体类型下的涌水涌砂发生机制，设置没有砂化带（破碎无砂白云石）、局部砂化带（砂质白云岩）、全部砂化（总体砂质白云岩）这三种埋设方式，如图4-12所示。其中，局部砂化带埋设面积占比控制在40%。同时在掌子面前方0.55m处设置蓄水结构，蓄水结构尺寸为0.4m×0.4m×0.15m，蓄水结构采用砂化相似材料饱水后进行填充，且不做压实处理保证多孔储水的功能。蓄水结构上方连接水管用于提供水头和水源，如图 4-13 所示。

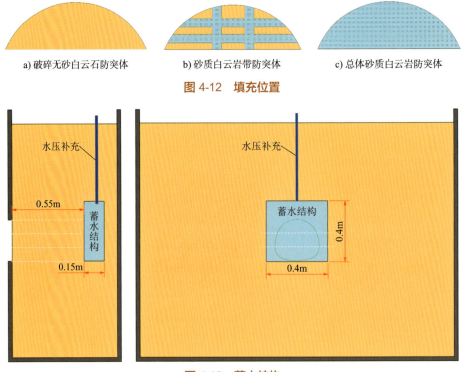

图 4-12 填充位置

图 4-13 蓄水结构

模型体填筑高度为 1.7m，隧道设计拱顶至模型体高度为 0.8m，为了实现现实的深埋地应力，通过地应力加载装置施加额外的地应力，竖向加载约 7t。水压控制为水头 2m，用于模拟原型 100m 水头的水压。

为了了解开挖过程中的土压力与涌水量变化。试验主要埋设微型压力，对试验过程中隧道围岩应力信息进行监测，测点布置如图 4-14 所示。同时采用量筒对掌子面涌出水进行采集。

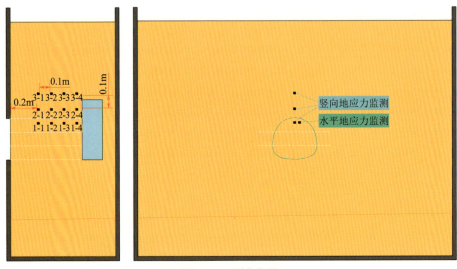

图 4-14 测点布置

4.2.2 涌水涌砂过程分析

（1）无砂化带白云岩突涌过程

无砂化带白云岩开挖时的突涌过程如图 4-15 所示，其涌水量变化如图 4-16 所示。在初始阶段，洞内潮湿但无明显水流渗出，围岩稳定性较好 [图 4-15a)]。当隧道掘进至 48cm 时，掌子面湿润有水流渗出，表明掌子面裂隙逐步发育 [图 4-15b)]。为了减少对掌子面的扰动，在进尺 48cm 之后，采用 2cm 每步的进尺进行掘进。在隧道掘进至 50cm 时，掌子面出现灰白色水流，同时掌子面出现明显的掉块 [图 4-15c)]，涌水量稳定在 6.41mL/s。在隧道掘进至 52cm 时，掌子面出现了明显的大范围掉块，并伴随砂土的挤出，出水量明显上升 [图 4-15d)]，此时涌水量达到 21.91mL/s。随着砂化填充物沿防突体掉块缝隙挤出，为水流提供了通道，掌子面涌水量逐步增大，在防突体挤出破坏处发生了出水量的突增，砂化填充被水流裹挟冲出 [图 4-15e)]，此时涌水量达到 51.02mL/s。随后，在强大的动力势能冲刷下，掌子面防突体完全失效，泥沙混合体冲出，形成突涌 [图 4-15f)]，此时涌水量达到 103.28mL/s。由图 4-15 可以看出，随着防突体防突厚度的逐步减小，防突体的破坏与水流的冲刷作用之间互相促进，加速了防突体的破坏。因此当防突体出现局部破坏并出现水流路径时，存在进一步发展为突涌的风险。

a) 开挖前期掌子面揭示状况

b) 掌子面初步渗水揭示状况

c) 初期掉块发生

d) 砂化土体挤出掌子面破坏

e) 突涌初期

f) 突涌完全发育

图 4-15　无砂化带白云岩突涌演化过程

突涌过程中随掌子面掘进土压力变化曲线如图 4-17 所示。由图 4-17 可以看出：随着掌子面的距离测点越来越近，掌子面处的竖向土压和水平土压均出现了先增大，后减小，最终完全释放的过程；对于拱部上方的土压力变化，则呈现出距离隧道拱顶越远，土压力变化越小的特点，距离掌子面越远所受开挖扰动越小的规律。此外，隧道开挖造成的掌子面前方土体的应力变化较拱部更加显著，造成防突体受扰动影响会诱发裂纹发展和剪切破坏，促进了水路的贯通。

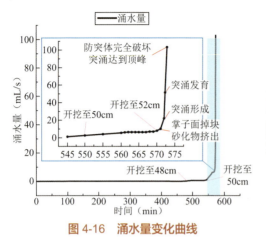

图 4-16　涌水量变化曲线

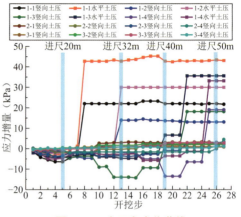

图 4-17　土压力变化曲线

（2）局部砂化带白云岩突涌过程

局部砂化带开挖时的突涌过程如图 4-18 所示，其涌水量变化如图 4-19 所示。在初始阶段，砂化带中有少量水渗出，由于离蓄水结构较远，围岩稳定性较好，涌水量为 0.38mL/s［图 4-18a）、b）］。当隧道掘进至 40cm 时，掌子面砂化带开始出现掉块的现象［图 4-18c）］，涌水量提升至 0.9mL/s。当隧道掘进至 48cm 时，掌子面渗水颜色呈白色［图 4-18d）］，说明砂化白云岩颗粒间黏结效果在开挖扰动与渗流作用下发生了衰减，细颗粒随渗水流出，使渗水呈白色，此时涌水量增至 2.4mL/s。为了减少开挖扰动影响，采用 2cm 进尺进行开挖。在隧道掘进至 50cm 时，掌子面砂化带出现了明显的砂化物涌出［图 4-18e）］，砂化带中土体发生了渗透破坏，同时水量增至 10.3mL/s。渗透破坏后并未立即诱发大规模突涌，而是表现为砂化物的缓慢涌出以及涌水量的持续增大［图 4-18f）］，在 24s 后，涌水量达到 14.8mL/s。接着进入到涌砂快速发育阶段，砂化涌出堆积量迅速增加，在 16s 内堆积量达到顶点［图 4-18g）］，涌水量发育至 83.8mL/s。随后发生大规模突涌，砂水混合物大规模涌出［图 4-18h）］，此时涌水量达到 192.4mL/s。砂化带的存在大大提升了突涌的规模，并且砂化带作为防突体中的透水介质以及薄弱点，砂化条带的稳定性对防突体的安全起到关键作用。

a) 开挖前期掌子面揭示状况

b) 掌子面砂化带揭示状况

c) 掌子面砂化带掉块

图　4-18

d) 掌子面砂化带白色水涌出

e) 掌子面砂化土体涌出

f) 掌子面砂化土体持续涌出堆积

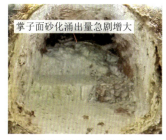
g) 掌子面砂化土体堆积达到
临界点突涌开始

h) 掌子面突涌完全发育

图 4-18　局部砂化带白云岩突涌演化过程

突涌过程中随掌子面掘进土压力变化曲线如图 4-20 所示。

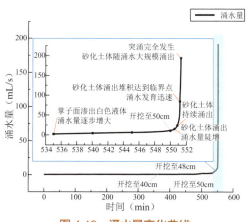

图 4-19　涌水量变化曲线

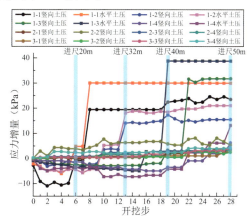

图 4-20　土压力变化曲线

由图 4-20 可看出：局部砂化带工况同无砂化带工况的土压力变化相似。随着掌子面的距离测点越来越近，掌子面高度处的竖向土压和水平土压均出现了先增大，后减小，最终开挖揭示出元器件后土压力完全释放这几个过程，但是局部砂化带工况掌子面前方应力呈现更加明显的减小和释放规律。这说明局部砂化带存在弱化了防突体的稳定性，使开挖时防突体更容易出现松动和破坏。

（3）全砂化带白云岩突涌过程

全砂化带白云岩开挖时的突涌过程如图 4-21 所示，其涌水量变化如图 4-22 所示。由于砂化土体有良好的透水性，在初始阶段，涌水量相较局部砂化与无砂化土体均有明显提升，为 0.89mL/s。当隧道掘进至 20cm 时，受渗流影响，掌子面开始出现掉块剥落现象，并伴有细颗粒被不断地渗出［图 4-21a）］。随着细颗粒的不断流失，掌子面剥落现象愈发频繁，出现砂化土体的剥落堆积［图 4-21b）］。在 3.8min 后，随着剥落现象的出现，左拱顶位置出现了管涌现象［图 4-21c）、d)］。期间不断有细砂从缺口中冲出，在 6s 后，管涌通道扩大，出现局部的涌水涌砂［图 4-21e）］。3s 后缺口进一步扩大，形成大规模的涌水涌砂，涌水量达到了 222.22mL/s，涌砂后形成明显的空腔［图 4-21f）］。全砂化面积掌子面突涌模式为局部管涌诱发的大规模涌水涌砂，发育过程呈现明显的渗透破坏模式。

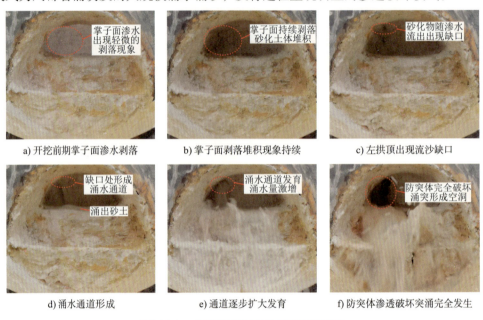

图 4-21 全砂化带白云岩突涌演化过程

突涌过程中随掌子面掘进土压力变化曲线如图 4-23 所示。

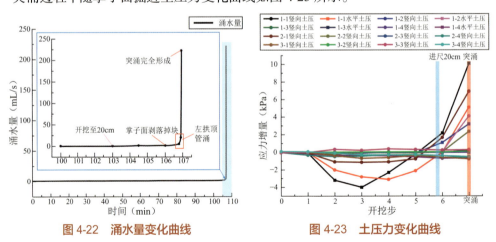

图 4-22 涌水量变化曲线　　　图 4-23 土压力变化曲线

由图 4-23 可看出：全砂化地层应力变化较其余两个工况有所不同。受突涌空腔影响，测点 1-1 和 1-2 出土压力均出现了明显的应力释放，同时测点 1-1 和 1-2 上方的 2-1 和 2-2 测点也受突涌影响发生了松动，土压力降低的现象。而测点 1-3 和 1-4 处由于水流侵蚀软化影响，造成了地应力略微升高的现象。隧道开挖及渗透压力作用，造成掌子面前方范围内土体松动,为突涌的发生提供了条件。随着砂化面积的增大,这一现象越发明显。

4.2.3 突涌机制分析

(1) 掌子面无砂化带白云岩突涌机制

无砂化带白云岩防突体结构内部裂隙发育,同时具有一定的透水性,裂隙在水压力及地应力作用下的发育对防突体的稳定性起到决定性的作用。随着开挖进尺的增加,防突体的厚度越来越薄;受渗水的水压力和弱化影响,导致防突体微裂隙持续发育,从而使防突体的承载力也发生了下降。在蓄水结构中砂化土体的挤压作用下,当防突体的防突厚度达到临界点,防突体中裂隙发生了贯通破坏,在薄弱处发生劈裂破坏,砂化土体挤压出掌子面,但此时并不会立刻发生大规模的涌水涌砂,此时蓄水结构中的砂化土体还具有一定的稳定性;随着砂化土体的不断涌出,防突体通道逐渐被冲刷扩大,造成砂化土体加速流出;受流出砂化土体的影响,蓄水结构土体逐渐松散,在水压作用下难以维持稳定,最终发生了大规模的涌水涌砂,能量得到释放,具体发展过程如图 4-24 所示。防突体的承载能力、裂隙发育程度、蓄水结构水压力,均会对突涌的发生时机和防突厚度造成影响。而防突体一旦破坏,蓄水结构中能量的释放从慢到快,呈现显著的时间相关性。因此对于无砂化带白云岩地层,做好防突体前的围岩破碎程度调查,以及蓄水结构位置调查,控制爆破开挖扰动,及时采取超前泄水降压措施,能够有效防止涌水涌砂事故的发生。

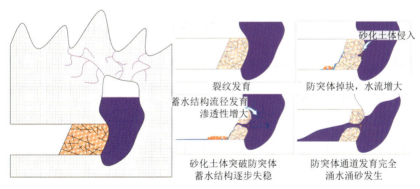

图 4-24 掌子面无砂化带白云岩突涌机制

(2) 掌子面局部砂化带白云岩涌突机制

由于砂化后白云岩力学性质差,既有良好的透水性,因此掌子面局部砂化带的存在,极大地削弱了防突体的防突性能。砂化带不仅自身具有致灾性,同时会对未砂化土体进行分割,破坏其完整性。在隧道的开挖过程中,会不断有水从砂化带中渗出,同时会有细颗粒被携带流出,削弱砂化带和蓄水结构的稳定性。随着防突厚度的不断减小,砂化层在某一厚度下会出现渗透失稳,在水流的作用下无法维持其稳定性,会发生剥落。同时也会加剧砂化带周围岩体的破碎程度,造成防突体的开裂以及剥落。砂化层在渗水作用下胶结能力下降,不断被水带出防突体,蓄水结构的渗流通道也不断发育,砂化土体势能逐步转化为动能,逐步从稳定状态向流动状态演化。随着流出掌子面的砂水混合物越来越多,蓄水结构松散失稳,整体能量释放,从掌子面溢出,发生大规模涌水涌砂,同时对掌子面岩体造成严重破坏。具体发展过程如图 4-25 所示。防突体砂化面积占比、裂隙发育程度、蓄水结构水压力,均会对突涌的发生时机和防突厚度造成影响。一旦砂化层发生渗透破坏,随水流挤出剥落,就有很大概率诱发进一步的涌水涌砂。因此对于具有砂化带的白云岩地层,通过注浆改良渗透特性,封闭渗流通道,同时进行释水降压可以有效地防止涌水涌砂。

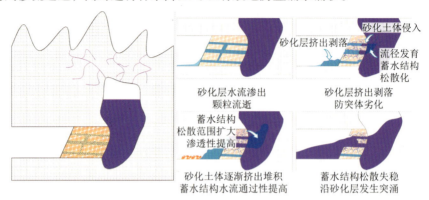

图 4-25　掌子面局部白云岩砂化带涌突机制

（3）掌子面全砂化带白云岩涌突机制

掌子面全砂化带对于其他防突结构更具有突涌风险性。在地应力作用下,压密的砂化白云岩在一定厚度下可以起到防突的作用。但是随着隧道的开挖,逐渐打破原有的水压平衡,造成蓄水结构中承压水向掌子面的临空面流动。砂化白云岩多孔易渗透的特性,导致全砂化白云岩地层、隧道开挖掌子面出水明显,砂化白云岩在渗流作用下发生渗流损失,造成颗粒间黏结力下降、防突体结构及蓄水结构中的渗流通道发育。由于地层存在一定的不均匀性,随着渗流通道的逐步发育,对于渗流损失严重的部位会发生小规模管涌,造成蓄水结构的中砂化填充物由静转动,势能逐步释放,稳定性急剧下降,防突体管涌规模越来越大,最终导致掌子面大范围的涌水涌砂,防突结构也从防突体演变为致灾体。其发展过程如图 4-26 所示。全砂化白云岩底层具有极高的涌突风险,需要较大的防突厚度来保障安全。因此应该尽量避免在全砂化条件下施工,积极采用注浆、管棚等超前加固方式进行加固,防止涌水涌砂灾害的发生。

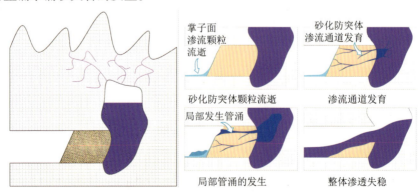

图 4-26　掌子面全部砂化涌突机制

4.3 富水砂化白云岩隧道临界防突厚度分析

在 4.2 节中的突涌模式中,提出了影响富水砂化白云岩隧道突涌发生的五个因素:砂化面积占比、蓄水结构水压、蓄水结构尺寸、隧道埋深、未砂化围岩破碎程度(GSI)。本节采用流固耦合数值计算分析这五个因素对突涌的影响。

4.3.1 流固耦合模型

建立三维的地层结构模型,并采用有限元差分的方法进行流固耦合计算。为了克服边界效应,隧道洞室的四周岩层厚度取洞径的 4～5 倍进行建模。建模尺寸为 160m(x轴)×180m(z轴)×80m(y轴)。围岩采用 Mohr-Coulomb 本构模型,初期支护采用 shell 单元模拟厚 27cm 的 C25 混凝土,锚杆采用结构单元 cable 模拟 3.5m 长的 ϕ22mm 组合中空锚杆,锚杆间距为 1.2m×1.0m(环×纵)。钢架按照抗压刚度等效的原则对初期支护进行换算。钢架为 0.6m/榀的 I18 型钢钢架。

$$E^*I^* = E_1I_1 + E_2I_2 \qquad (4-5)$$

式中:E_1——喷射混凝土的弹性模量(GPa);

E_2——钢架的弹性模量(GPa);

E^*——等效后弹性模量(GPa);

I^*——等效后喷射混凝土的惯性矩(mm^4);

I_1——等效前喷射混凝土的惯性矩(mm^4);

I_2——钢架的惯性矩(mm^4)。

围岩计算参数见表 4-3。等效刚度的支护和锚杆参数见表 4-4。

围岩计算参数 表 4-3

材料	GSI	弹性模量(GPa)	泊松比	内摩擦角(°)	黏聚力(kPa)	密度(kg/m^3)	孔隙率
未砂化破碎白云岩	10	1.377	0.35	37.75	771	2820	1.72×10^{-5}
	15	1.645	0.35	41.06	825	2820	1.26×10^{-5}
	20	2.062	0.32	43.74	1184	2820	9.71×10^{-6}
	25	2.702	0.32	45.97	1386	2820	7.07×10^{-6}
	30	3.674	0.3	47.89	1593	2820	4.76×10^{-6}
	35	5.120	0.3	49.57	1816	2820	2.82×10^{-6}
	40	7.208	0.27	51.07	2074	2820	1.24×10^{-6}
砂化白云岩		0.266	0.45	26	96.25	2312	5.1×10^{-4}

等效刚度的支护和锚杆参数 表 4-4

材料	重度(kN/m^3)	弹性模量(GPa)	泊松比
C25 喷射混凝土	24	30.05	0.2
锚杆	78.5	210	0.3

边界条件采用位移控制：固定模型侧面与底面，上边界自由变形，为模拟原始应力，采用上覆荷载实现。渗流边界条件：侧面与底面不透水，上表面透水，隧道开挖过程洞壁与掌子面的孔隙水压力固定为0，蓄水结构采用固定水压值。计算模型如图4-27所示。

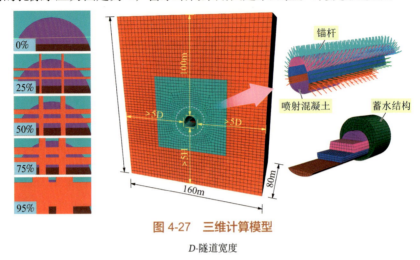

图 4-27　三维计算模型

D-隧道宽度

4.3.2　工况设计

为了进一步揭示富水砂化白云岩地层的涌水涌砂机制，采用单因素分析方法，对砂化面积占比、蓄水结构水压、蓄水结构尺寸、隧道埋深、未砂化围岩破碎程度（GSI）这5个因素进行模拟。各工况见表4-5。

工况　　　　　　　　　　　　　　　　　　　　　　　　　　　表 4-5

序号	砂化面积占比	蓄水结构水压力	蓄水结构尺寸	隧道埋深	未砂化围岩破碎程度（GSI）
1	0	70	20	300	15
2	25%				
3	50%				
4	75%				
5	95%				
6	0	10	20	300	15
7		40			
8		70			
9		100			
10		130			
11	0	70	5	300	15
12			10		
13			20		
14			30		
15			40		

续上表

序号	砂化面积占比	蓄水结构水压力	蓄水结构尺寸	隧道埋深	未砂化围岩破碎程度（GSI）
16	0	70	20	100	15
17				200	
18				300	
19				400	
20				500	
21	0	70	20	300	10
22					15
23					20
24					25
25					30

4.3.3 防突厚度分析

（1）突涌判据

张顶立等[83]在研究中，认为开裂区（塑性区）与水源贯通，形成涌水通道会诱发涌水灾害，因此选择涌水的判定依据为损伤开裂区及塑性区是否与水源贯通。

（2）砂化面积占比对突涌影响

砂化面积占比对突涌影响如图4-28、图4-29所示。变形与防突安全厚度随砂化面积占比存在相同的变化规律。在砂化面积占比超过25%后，由于防突贯通位置从拱部转移至砂化区域，防突体的破坏由破碎的未砂化白云岩的剪切破坏转变为了砂化白云岩渗透破坏与未砂化白云岩裂隙贯通破相互影响的模式，造成防突安全厚度出现第一次大幅度增长；同时由于掌子面塑性区贯通向掌子面中心位置移动，造成变形也发生第一次大幅度增长。在砂化面积占比超过75%后，防突体破坏以砂化区域渗透破坏为主，防突体需要更大的厚度来保障稳定；同时砂化区域的低强度低刚度特点造成了防突安全厚度与掌子面变形的第二次大幅度增长。砂化面积的增大改变了防突体的破坏位置与破坏模式，对防突体的防突性能影响巨大。

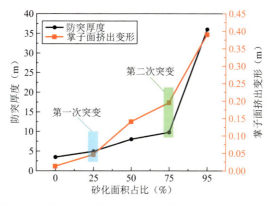

图4-28 不同砂化面积占比工况塑性区贯通时防突体的临界厚度以及掌子面挤出变形值

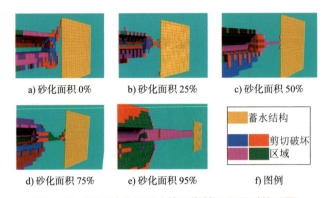

图 4-29　不同砂化面积占比下塑性区贯通时的云图

（3）蓄水结构水压对突涌影响

蓄水结构水压对突涌影响如图 4-30、图 4-31 所示。隧道掌子面防突安全厚度和掌子面挤出变形与水压均存在线性正相关关系。由于水压的增大并未改变防突结构贯通，水压增大减小了防突体单元有效应力，防突体拱部更容易出现剪切破坏，从而造成防突安全厚度与掌子面挤出变形出现了规律性增长。随着蓄水结构水压的增大，防突安全厚度线性增大。

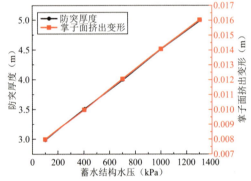

图 4-30　不同蓄水结构水压工况塑性区贯通时防突体的临界厚度以及掌子面挤出变形值

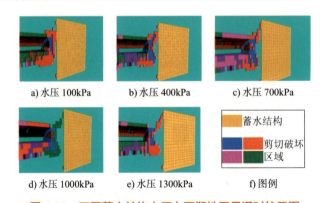

图 4-31　不同蓄水结构水压力下塑性区贯通时的云图

（4）蓄水结构尺寸对突涌影响

蓄水结构尺寸对突涌影响如图 4-32、图 4-33 所示。蓄水结构尺寸对临界厚度和变形的影响较小。它主要影响了塑性区贯通位置和塑性区范围。在蓄水结构尺寸小于 10m 时，塑性区贯通主要发生在蓄水结构前方范围，掌子面洞周塑性区范围较小。当蓄水结构尺寸大于掌子面高度后，掌子面前方以及洞周的塑性区范围增大，并且塑性区贯通发生在拱部。因此，对于掌子面前方富水范围大的未砂化破碎地层，在采取防突控制时应该注意拱部的加固。

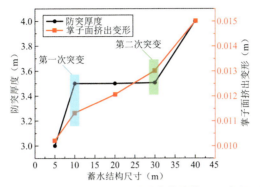

图 4-32　不同蓄水结构尺寸工况塑性区贯通时防突体的临界厚度以及掌子面挤出变形值

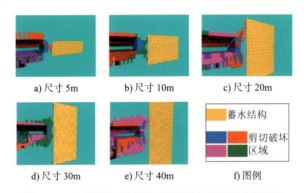

图 4-33　不同蓄水结构尺寸下塑性区贯通时的云图

（5）埋深对突涌影响

埋深对突涌影响如图 4-34、图 4-35 所示。隧道掌子面防突安全厚度和掌子面挤出变形与埋深均存在正相关关系。埋深决定了岩体的初始应力大小，埋深越大，岩体开挖后更容易发生破坏的同时变形也更大。在埋深小于 300m 时，防突体在较小的临界厚度下发生了整体破坏。埋深大于 300m 时，则变为了拱部的塑性区贯通。当埋深达到 500m 时，防突体则变为了底部的剪切塑性区贯通。

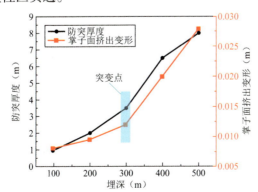

图 4-34　不同埋深工况塑性区贯通时防突体的临界厚度以及掌子面挤出变形值

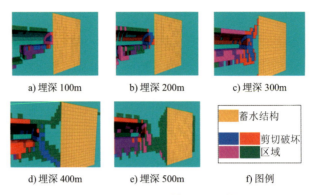

图 4-35　不同埋深下塑性区贯通时的云图

（6）未砂化白云岩破碎程度对突涌影响

未砂化白云岩破碎程度（GSI 值）对突涌影响如图 4-36、图 4-37 所示。隧道掌子面防突安全厚度与 GSI 值存在非线性负相关关系，随着 GSI 值的增大，防突体的抗剪切能力越大，同时地层抗变形能力越强，造成防突体不容易发生剪切破坏与挤出大变形，防突安全厚度与掌子面挤出变形先大幅度降低随后降幅逐步减小。在隧道开挖后，控制掌子面破碎程度，可以大大降低掌子面失稳的风险。

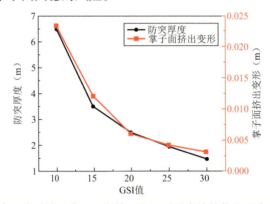

图 4-36　不同未砂化白云岩破碎程度工况塑性区贯通时防突体的临界厚度以及掌子面挤出变形值

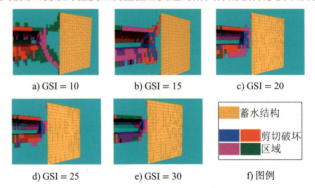

图 4-37　不同 GSI 下塑性区贯通时的云图

（7）敏感性分析

正交试验可用于研究不同因素对试验结果的影响。砂化面积占比 A，蓄水结构水压力

B、蓄水结构尺寸C、隧道埋深D、未砂化围岩破碎程度E这五个影响因子的水平设计见表 4-6。

正交因素及水平设计表　　　　　　表 4-6

序号	A	B (kPa)	C (m)	D (m)	E
1	0	10	10	200	10
2	30%	40	20	300	20
3	60%	70	30	400	30
4	90%	100	40	500	40

本节进行的正交试验为五因素四水平试验，选用 $L_{16}(4^5)$ 正交表进行正交试验，采用 4.3.1 节中建立的数值模型进行计算，得到各个试验下的防突安全厚度，共需进行 16 次试验，正交试验结果见表 4-7。

正交试验结果　　　　　　表 4-7

试验次	A	B	C	D	E	防突安全厚度（m）
1	0	10	10	200	10	3
2	0	40	20	300	20	2
3	0	70	30	400	30	2.5
4	0	100	40	500	40	2
5	30%	10	20	400	40	1
6	30%	40	10	500	30	4.5
7	30%	70	40	200	20	3.5
8	30%	100	30	300	10	8.5
9	60%	10	30	500	20	10
10	60%	40	40	400	10	12
11	60%	70	10	300	40	5
12	60%	100	20	200	30	5.5
13	90%	10	40	300	30	6
14	90%	40	30	200	40	5.5
15	90%	70	20	500	10	34
16	90%	100	10	400	20	36

正交试验的极差分析常被用来分析各个因素对结果影响程度的强弱。极差代表了试验样本得到的平均效果的最大值与最小值的差值。在本文中，正交实验设计法中的统计参数 K_{ij} 可以定义为：

$$K_{ij} = \frac{\sum_{k=1}^{n} Y_{ijk}}{n} \tag{4-6}$$

式中： n——试验进行的次数；

Y_{ijk}——第j因素的情况是在第i水平的情况中第k次试验所计算得到的防突安全厚度S。

极差R_j的计算式为：

$$R_j = \max\{K_{1j}, K_{2j}, K_{3j}, K_{4j},\} - \min\{K_{1j}, K_{2j}, K_{3j}, K_{4j},\} \tag{4-7}$$

对于式(4-7)而言，坐标的极差R_j代表了因素变化造成的结果变化程度，因此，极差达到最大的因素就是影响最大的因素，反之极差最小的则为影响最弱的因素。

根据式(4-7)将表4-7里面的全部因素进行了极差计算以及敏感性计算，得到5个影响因素砂化面积占比A、蓄水结构水压B、蓄水结构尺寸C、隧道埋深D、未砂化围岩破碎程度E的水平趋势图如图4-38所示。绘出图4-39不同因素极差，对计算结果进行分析，可以发现在给定的工况范围内，对防突安全厚度影响程度排序为：砂化面积占比A > 未砂化围岩破碎程度E > 隧道埋深D > 蓄水结构水压B > 蓄水结构尺寸C。影响最大的两项均与围岩性质有关，因此在施工中要加强对隧道掌子面前方围岩情况的探测，防止围岩岩性改变造成防突安全厚度不足诱发突涌灾害。

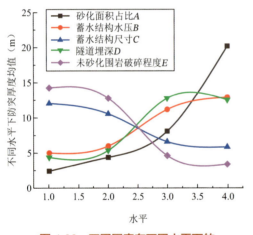

图 4-38 不同因素在不同水平下的防突安全厚度均值

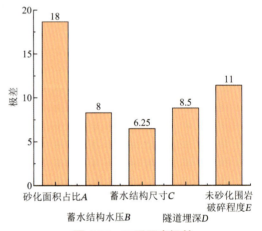

图 4-39 不同因素极差

第 5 章

富水砂化白云岩隧道释水降压技术

5.1 富水砂化白云岩地层超前降水控制模型试验

5.1.1 超前降水模型试验设计

1）流固耦合试验系统

流固耦合试验系统适用于深埋高水压隧道开挖支护试验，该系统由模型箱、地应力加载系统、水压加载系统以及试验监测系统组成。如图 5-1 所示，模型箱长 2.4m、宽 0.8m（深度）、高 1.7m，模型箱前方有一大圆形钻孔，外覆有按比例缩小的可拆卸式隧道轮廓，模型箱底部有一排水用阀门。地应力加载系统由反力架、液压千斤顶、钢板组成。其中，反力架采用工字钢制成，由液压千斤顶提供反力支撑。水压加载系统由钢结构支架、加压水箱、补给水箱、抽水泵、联通水管组成。钢结构支架高度为 1.5m，用以提升加压水箱的水头高度。进水口外接软管与水泵相连，将补给水箱中的水抽至加压水箱，出水口外接软管向模型箱内注水，并使水箱水压作用于模型。试验监测系统由埋在模型箱内的孔隙水压计、顶在掌子面的千分表、位于隧道洞口外接水的引水板、大量筒组成。水压加载系统与试验监测系统如图 5-2 和图 5-3 所示。

图 5-1 模型箱及地应力加载系统

图 5-2 水压加载系统

图 5-3 试验监测系统

2）相似材料配制

本次试验中以几何相似$C_l = 50$、重度相似比$C_\gamma = 1$为基础，模型材料需要实现弹性模量E、泊松比μ、黏聚力c、内摩擦角φ、渗透系数k等的相似，各相似比如下所示：

（1）泊松比、内摩擦角、应变相似比：$C_\mu = C_\varphi = C_\varepsilon = 1$；

（2）弹性模量、黏聚力、位移（变形）、应力（压力）相似比：$C_E = C_c = C_\varepsilon = C_\sigma = 50$；

（3）渗透系数相似比：$C_k = 5\sqrt{2} = 7.07$。

通过研究前人的相关试验可知，本次模型试验洞周围岩材料以 40～70 目石英砂为基材，加入一定比例的重晶石粉、白水泥，再掺入一定量的水。

围岩的渗透系数会对排水管的排水产生严重影响，相似围岩的内摩擦角、黏聚力也会影响围岩的破坏条件，从而影响突涌的发生。本次模型试验研究的是超前排水管的排水效果及对突涌的控制效果，故相似材料的配制应优先满足渗透系数、内摩擦角、黏聚力的相似。最终配制出的相似强砂化白云岩三种材料的配比为石英砂：重晶石粉：白水泥 = 12.6：6.3：1，相似围岩的渗透系数及摩擦角基本能够满足材料相似比的要求，黏聚力与相似材料的要求有一定的差距，弹性模量相差较大，但围岩应力不是试验的研究重点，故认为该相似围岩能够满足试验要求，该配比材料的物理力学参数见表5-1。

配比材料的物理力学参数 表5-1

物理力学参数	重度γ（kN/m³）	弹性模量E（MPa）	内摩擦角φ（°）	黏聚力c（kPa）	渗透系数k（cm/s）
强砂化白云岩	2.31	266	26	94.62	5.11×10^{-4}
相似比	2.21	33.66	25.2	4.07	6.52×10^{-5}
试验材料	1.05	7.90	1.03	23.25	7.82

3）掌子面后方储水构造

若试验时将水完全充满模型箱，试验过程具有较大风险，一旦突涌或漏水，易引发安全事故。故本试验预先在掌子面后方设定一个储水构造，加压系统的水管与该构造直接连通，该构造可施加水压于掌子面，也可作为掌子面涌水的水源补给。该构造为一长方体，内部填有碎石，并用上述材料进行填充。

4）模型箱六面堵水结构

为避免模型箱四周及顶面、底面漏水，本次试验采用黄黏土覆盖六个边界。掌子面后方储水构造以及黄黏土形成的堵水结构均不影响超前排水管的排水效果，也不会对掌子面的失稳突涌产生影响，故未对该两种材料进行物理力学试验。

5）水压监测位置

本次试验采用孔隙水压计来监测试验过程中的水压变化。沿隧道轴线方向布置4个孔隙水压计，如图5-4所示。测点布置为平行隧道轴线分布，测点1位于掌子面前方5cm处，其后间隔10cm布设测点2、3、4。

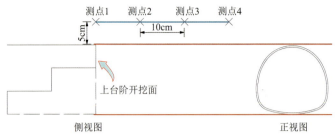

图 5-4　孔隙水压计布置示意图

6）模型箱填土分布

4.1.2 节说明配制的填土除包括隧道周边的强砂化围岩相似土以外，还包括掌子面后方由碎石填充的储水构造，以及模型箱六边由黄黏土构成的堵水结构，这些区域的具体分布如图 5-5 所示。从正面看，隧道被 80cm×80cm 的矩形区域包围，该区域内填土是配制的相似围岩，同时该类填土又被外围黄黏土包围，从侧面看，相似围岩有 50cm 厚，其前方有 10cm 厚的黄黏土，后方有 10cm 厚、加有碎石填充的储水构造，在储水构造后方还有 10cm 厚的黄黏土。隧道开挖后，上台阶穿入配制的强砂化白云岩，中台阶面刚好为黄黏土与相似围岩的分界面。

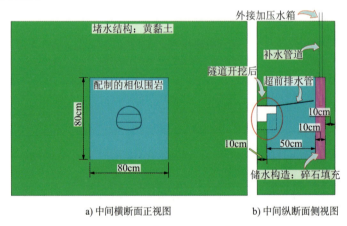

图 5-5　模型箱中填土位置说明

7）试验步骤及工况

（1）按相似材料的配比，大规模称取石英砂、重晶石粉、水浴加热后的凡士林、石膏粉，并用搅拌机搅拌均匀，同时准备所需的黄黏土及碎石。

（2）在模型箱内放置隔板，划分填土区域，按设计位置分层填土。

（3）填土时，在预定的位置布设孔隙水压计，并将传感线从模型箱顶部引出。

（4）将补给水箱中的水抽至加压水箱备用，采用三台阶法开挖隧道至设计位置，同时采用涂抹石膏模拟初期支护，待石膏干硬后，打开加压水箱中的出水口向储水构造中注水，并控制水流大小来保持加压水箱中的水位高度，直到掌子面发生突涌才关闭出水阀门。

（5）按工况顺序进行试验，在完成一个工况后，取出顶部黄黏土、相似围岩、填充构造，重新填实后再进行下一组试验。试验工况见表 5-2。

试验工况 表 5-2

序号	排水措施	序号	排水措施
1	无	3	掌子面 9 根超前排水管
2	拱部 5 根超前排水管		

5.1.2 超前降水模型试验结果

（1）渗流—破坏过程

隧道采用三台阶法开挖，两个台阶面长度均为 10cm，开挖进尺为 2cm，每开挖一步后需涂抹石膏浆液以模拟喷射混凝土，待石膏干硬后再进行下一进尺的开挖。当隧道开挖至预定位置时，于掌子面架设千分表以测量纵向的挤出变形。随后记录孔隙水压计的初始值，再打开加压水箱出水口，向模型箱储水构造注水直到掌子面发生突涌或长时间达到稳定。当渗水至引流板时，开始记录排水时间及排水量。掌子面表面破坏情况如图 5-6 所示。

图 5-6a）展示了不钻设超前排水管时掌子面渗水至突涌的过程。向模型箱注水，约 600s 后，掌子面开始变得湿润，逐渐有水渗出。在 984s 时，掌子面渗水水流流至引水板，量筒开始收集掌子面的渗水。且引水板的水流随时间逐渐变大，在 490s 后掌子面左侧台阶面处发生突涌，突涌物为配制的相似围岩，形似吉新隧道现场突涌物。另外，在试验过程中，每间隔 2min 在千分表读数，发现掌子面的纵向变形基本无变化。

图 5-6b）展示了在上台阶拱部钻设 5 根超前排水管时掌子面渗水、排水的情况。由于超前排水管的引导作用，掌子面渗水湿润的时间提前，在约 600s 时，第一根排水管开始滴水，并 180s 后呈线状流水，859s 时开始有水流入量筒。900s、1080s、1260s、1380s 时，第 2~5 根排水管也出现了线状排水的情况。最终在约 1620s 时，隧道掌子面排水与加压水箱补给基本达到平衡，认为掌子面达到稳定状态。在整个过程中，千分表数值无太大的变化。

图 5-6c）展示了在掌子面钻设 9 根超前排水管时掌子面排水的情况。与图 5-6b）工况类似，排水管可以对地下水的渗流起引导作用，掌子面后方地下水可通过超前排水管排出隧道。在约 600s 时，拱部 3 根排水管开始滴水，在 838s 时量筒开始收集排出的地下水，在 1440s 时，9 根排水管均呈股状排水。180s 后，掌子面较稳定，撤去右侧第一根泄水管，观察掌子面的稳定情况，但掌子面右侧随即发生突涌。分析原因是超前排水管既是地下水的排泄工具，也起到了超前小导管支护的作用，排水管撤出不仅减小了对前方岩体的支撑，而且还给地下水提供了更大的泄水路径，最终导致突涌。

通过对三次试验掌子面渗流—稳定（破坏）过程的直观对比，认为超前排水管对掌子面稳定性以及地下水的引导、排泄起到了明显的积极作用。且排水管数量越多，地下水的排泄效果越好，但应注意不能盲目地拆除正在泄水的排水管。

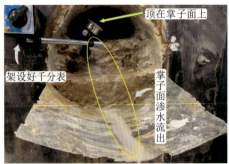

a) 掌子面不钻设超前排水管

b) 在上台阶拱部钻设 5 根超前排水管

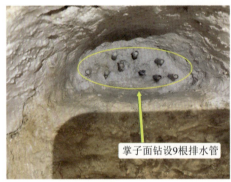

c) 在掌子面钻设 9 根超前排水管

图 5-6　掌子面表面破坏情况

（2）掌子面排水量分析

对三次试验掌子面排水量进行分析，如图 5-7 所示，当量筒有水汇入时，开始记录隧道渗水、排水量以及不同排水量对应的时间。由图 5-7 可知，随排水时间的延长，掌子面排水量逐渐增大。在不进行超前排水的情况下，工况一曲线基本为斜直线，说明在掌子面渗透失稳前，地下水渗水较为均匀，渗水量达到 2000mL 左右，汇水时间为 490s 时掌子面发生突涌。工况二、工况三曲线同工况一相比，在前 200s 内相差不大；排水管可直接作为水的渗流通道，200s 以后工况二、工况三的排水量开始迅速增长。同一时刻，工况三的排水量均比工况二多，并且时间越长，排水量差异就越大。工况二 2000～6000mL 的排水曲线也基本为直线，达到 6000mL 排水量时，耗时 720s，认为补水与排水达到了动态平衡。

工况三下，排水量达到 6000mL 只需要 612s，9 根排水管比 5 根排水管的排水效率高，排水量达到 10000mL 时（排水时间为 809s），认为其达到动态平衡。

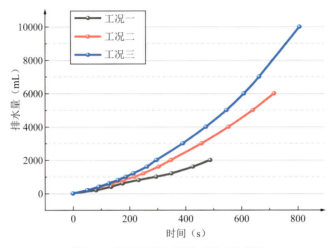

图 5-7 掌子面排水量随时间变化曲线

（3）孔隙水压力分析

填土时在模型箱内预定位置埋设有孔隙水压计，从打开加压水箱出水口阀门向储水构造灌水开始记录 4 个测点的孔隙水压力。图 5-8 是工况一、工况二、工况三各测点孔隙水压力与试验时间的关系曲线，各工况各时刻水压大小大体上排序：测点 4＞测点 3＞测点 2＞测点 1，但存在相互交叉或重叠的情况。超前排水对掌子面前方最大水压或稳定水压均起到明显的控制作用，排水管数量越多，改善效果越好。各工况在渗流至失稳或稳定过程中，测点的最大水压分别为 11.037kPa、10.294kPa、9.421kPa，最终失稳前（稳定）水压分别为 11.037kPa、8.884kPa、4.320kPa。

工况一没有进行超前排水，各测点水压之间均存在一定的差异，掌子面发生突涌前，4 个测点的稳定水压分别为 5.343kPa、7.488kPa、8.151kPa、11.037kPa。同工况一相比，工况二测点 3、测点 4 的水压上涨较快，且较快趋于稳定；测点 1、测点 2 的水压较小，直到量筒开始收集排水前，该两处水压才有所上涨。这是因为测点排水管由拱部斜着向测点 3、测点 4 打设，地下水从储水构造向掌子面渗流大部分经过测点 3、测点 4 后直接被超前排水管排出，导致测点 1、测点 2 的水压较小。在试验结束时，4 个测点的稳定水压分别为 2.943kPa、2.802kPa、6.060kPa、8.884kPa。

超前钻设 9 根排水管，导致工况三测点 1、测点 2、测点 3、测点 4 的水压均快速上涨。量筒开始收集洞内排水时，测点 2、测点 3、测点 4 的水压较为接近，与测点 1 有较大差别。排水后，各点位水压先突增，再骤降，随后缓慢下降趋于稳定，稳定时各位置水压差值均较小，分别为 2.941kPa、3.543kPa、3.745kPa、4.320kPa。在试验进行 27 分 27 秒后，拔出一根排水管，掌子面在 2min 后发生突涌，水压剧烈波动。

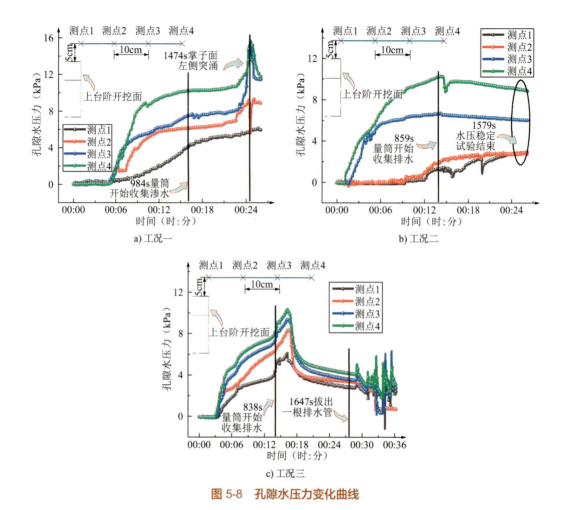

图 5-8 孔隙水压力变化曲线

5.2 富水强砂化白云岩隧道超前排水管适用性

5.2.1 超前排水数值模型

（1）数值模型

砂化白云岩隧道涌水段衬砌采用 Vc 型复合衬砌，初期支护采用 27cm 厚的 C25 喷射混凝土，二次衬砌采用 50cm 厚的 C35 钢筋混凝土。全环采用 I22a 钢架，间距 0.6m。洞周施作系统锚杆，根据实际经验，隧道洞周注浆圈厚度取 3.5m。

隧道开挖断面宽 12.96m、高 11.79m，考虑到圣维南原理，隧道左右边界需取 5 倍隧道宽度 D 以上，故取左右边界 $X = \pm 80m$。隧道下边界需取 5 倍隧道高度 H 以上，故取下边界 $Z = -80m$，上边界为计算埋深 $Z = 150m$。整个计算模型如图 5-9 所示，模型尺寸为 $X \times Y \times Z = 160m \times 100m \times 230m$。围岩及注浆加固圈均采用莫尔-库仑模型，初期支护采用弹性实体模型，钢架采用梁单元模拟。由于该隧道二次衬砌落后掌子面百余米，且主要研究施工泄水，故不考虑二次衬砌的影响。初始条件下除顶部边界外，其余各边界均采用不透水边界。隧道开挖后，初期支护表面以及隧道开挖掌子面均为透水边界，且其表面水压设定为0。同时，通过将泄水孔位置节点水压设定为0来模拟泄水孔的泄水作用[15]。

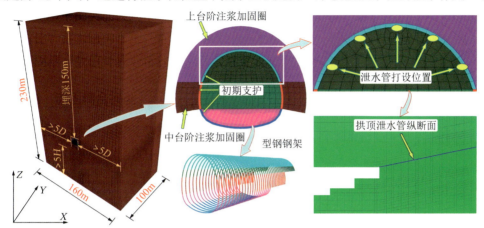

图 5-9 计算模型及泄水管布置位置

（2）计算工况

本文主要研究不同地下水头高度时，不同长度的超前泄水孔泄水降压效果，故将水头高度及超前泄水孔长度作为工况变量。通过对富水隧道的调研可知，多数隧道超前泄水孔长度取 20～30m。同时，吉新隧道富水砂化白云岩最大水头高度为 120m，故本次试验考虑低水头（30m）、中水头（50m、80m）、高水头（120m）等工况，本文计算工况如表 5-3 所示。

计算工况统计 表 5-3

水头高度（m）	排水管长度（m）					
	0	15	20	25	30	40
30	1	2	3	4	5	6
50	7	8	9	10	11	12
80	13	14	15	16	17	18
120	19	20	21	22	23	24

（3）计算参数

计算参数取值方式如下：根据室内物理力学试验，得出围岩的基本力学参数及渗透系数；根据《混凝土结构设计标准》（2024 年版）（GB 50010—2010）取混凝土的弹性模量；根据《喷射混凝土应用技术规程》（JGJ/T 372—2016），含水岩层喷射混凝土抗渗等级不低于 P8。围岩注浆加固后，弹性模量能够提升 30%以上。注浆后的岩体黏聚力和内摩擦角都能提高 20%～30%，围岩的渗透系数降低至原来的 0.1%～0.5%。数值计算所取参数见表 5-4。另外，流固耦合分析为瞬态分析，对工况一进行 5d 的试算后，发现结构变形、受力以及掌子面挤出值在流固耦合计算 3d 后稳定，故其余工况计算时长定为 3d。

计算参数　　　　　表 5-4

参数	E（GPa）	μ	c（kPa）	φ（°）	ρ（g/cm³）	k（cm/s）
强砂化白云岩	0.266	0.35	94.26	26	2.31	5.11×10^{-4}
注浆圈	0.399	0.35	141.39	33.8	2.50	1.02×10^{-6}
初期支护	28	0.2	—	—	2.40	2.60×10^{-9}
型钢钢架	200	0.3	—	—	7.85	—

5.2.2　超前泄水孔效果分析

富水强砂化白云岩隧道设置超前泄水孔的目的是减小掌子面前方水压，控制掌子面挤出变形，避免隧道发生涌水涌砂。故本节从掌子面变形、掌子面前方压力拱形态、掌子面前方孔隙水压力三方面对超前泄水孔降水释压效果进行分析，以期提出不同水头高度时，超前泄水孔长度设置建议值。

1）掌子面前方围岩变形分析

为对掌子面前方围岩变形进行监测，本试验特设置 4 条变形监测路径，分别为：①测线 1：掌子面中线挤出变形，从隧道拱顶起，向下监测 11m 内围岩的纵向位移；②测线 2：掌子面深部围岩纵向位移，监测上台阶掌子面中心前方 10m 内围岩的挤出；③测线 3：掌子面前方水平测线，用于监测拱顶沉降情况；④测线 4：掌子面下方水平测线，用于监测仰拱隆起情况。

由于计算工况较多，本节仅展示 80m 水头上述测线监测结果。图 5-10 为 80m 水头高度下，采取不同长度泄水孔时，掌子面附近围岩变形情况。图 5-11 为各工况掌子面附近围岩变形最大值。由此得出以下结论：

（1）各工况下，从拱顶至下 4m 处（上台阶），掌子面挤出值最大。由于台阶土的作用，中台阶及下台阶挤出变形较小。在不进行超前泄水的情况下，各水头高度掌子面最大挤出值分别为 44.33mm、59.62mm、116.21mm、195.19mm。掌子面最大挤出值随水头高度的增加而增加，且增加幅度逐步加大。各工况掌子面前方围岩纵向位移随深度增加而减小，当水头为 80m 时，掌子面前方 10m 围岩纵向变形仅有 5.09mm。

（2）通过计算发现，掌子面前方水平测线沉降与一般情况不同，其最大沉降值位于上台阶拱脚上方附近。且随地层水压增大，其沉降与拱顶上方沉降差值越大。这是因为中台阶还未开挖，还未施作锚杆进行灌浆，地下水会从台阶面渗入隧道。附带较大的动水压力致使该处沉降值大于拱顶沉降。在不进行超前泄水的情况下，各水头高度的拱脚上方最大沉降值分别为 13.04mm、15.28mm、22.64mm、57.34mm。

（3）开挖面拱底的隆起规律与一般隧道类似，隧底中心处隆起最大。在不进行超前泄水的情况下，各水头高度的仰拱隆起最大值分别为 20.86mm、28.85mm、59.09mm、204.42mm。综上，水头高度为 120m 时，隧道掌子面各方面变形均出现了较大的突变。

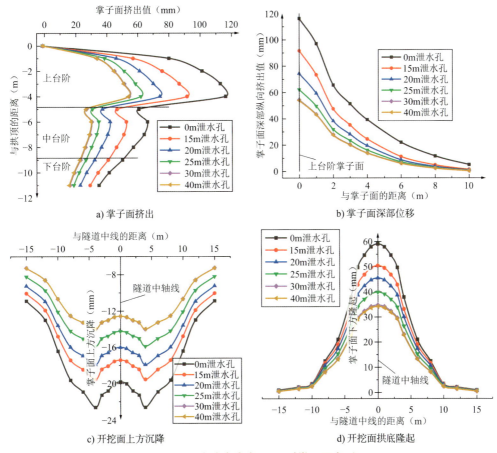

图 5-10 水头高度为 80m 时掌子面变形

根据图 5-11 可得到掌子面变形控制效果表 5-5。地层水头越高，泄水孔的泄水效果越好。从变形控制角度分析，地层水头为 30m 时，超前泄水释压效果一般，建议不设置超前泄水孔。当水头为 50m 时，泄水孔释压效果一般，建议设置超前泄水孔，长度控制在 20~25m。当水头为 80m 时，超前泄水释压效果较好，建议超前打孔 30m 进行泄水。当水头为 120m 时，超前泄水释压效果很好，建议超前泄水孔长度超过 40m。

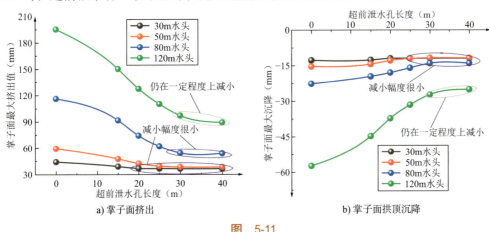

图 5-11

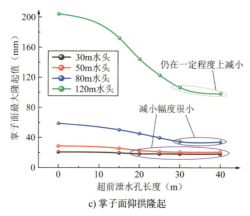

c) 掌子面仰拱隆起

图 5-11 各工况掌子面最大变形

掌子面变形控制效果表　　　　　　表 5-5

地下水头高度（m）	变形控制项目	超前泄水孔长度（m）				
		15	20	25	30	40
30	掌子面最大挤出	88.27%	83.33%	82.90%	82.30%	82.24%
	隧顶最大沉降	96.50%	91.53%	91.34%	91.02%	91.37%
	隧底最大隆起	94.51%	89.09%	88.53%	87.65%	87.59%
50	掌子面最大挤出	80.22%	71.40%	66.45%	64.69%	64.56%
	隧顶最大沉降	94.93%	85.29%	79.60%	78.21%	77.83%
	隧底最大隆起	90.04%	80.02%	74.52%	72.43%	72.15%
80	掌子面最大挤出	78.92%	63.94%	53.45%	46.83%	46.39%
	隧顶最大沉降	86.28%	79.18%	70.34%	61.96%	61.85%
	隧底最大隆起	85.33%	76.96%	67.39%	58.88%	57.89%
120	掌子面最大挤出	76.97%	65.30%	56.44%	49.66%	45.61%
	隧顶最大沉降	78.06%	65.06%	55.09%	47.63%	43.75%
	隧底最大隆起	84.27%	70.66%	60.16%	52.16%	48.16%

2）掌子面前方压力拱纵断面形态分析

隧道掌子面的稳定性常与隧道压力拱的分布相联系，故本节分析超前泄水孔对隧道掌子面前方压力拱纵断面形态的影响。压力拱是隧道开挖对原岩造成较大影响的区域，拱顶压力拱边界的判别可用以下判别准则效果较好：最大主应力峰值点小于最大主应力方向偏转点时，内边界为最大主应力峰值点，外边界为最大主应力方向偏转点；最大主应力峰值点大于最大主应力方向偏转点时，内边界为隧道拱顶，外边界为最大主应力方向偏转点；如果最大主应力方向不发生偏转，则无压力拱形成。本节就基于此判断准则对各工况拱顶压力拱纵断面形态进行分析。

图 5-12 为无泄水孔时各水头掌子面前方压力拱判别过程。由该图可知：①地下水头增加造成围岩的有效应力下降。②在富水强砂化白云岩地层中掌子面前方压力拱的内边界均

为拱顶，外边界均为最大主应力方向偏转点。③压力拱的高度随水头高度的增加而增加，且压力拱高度增加幅度很大。地层水头为 30m、50m、80m、120m 时，压力拱高度分别为 9.5m、11.9m、17.3m、26.1m。

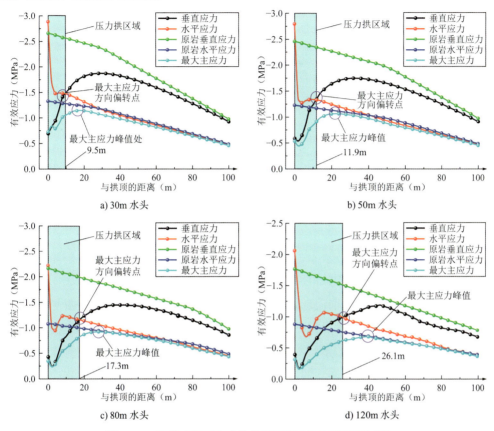

图 5-12　无排水管时各水头掌子面前方压力拱判断过程

掌子面前方不能形成压力拱的横断面与掌子面的距离定义为掌子面压力拱的长度。根据压力拱的高度与长度，绘制出 24 个工况下掌子面前方压力拱纵断面形态，如图 5-13 所示。掌子面前方压力拱纵断面的形态类似一个弦略微鼓起的直角三角形，其高度 H、长度 L、面积 S 随水头增加而增加，随泄水孔长度增加而在一定程度减小至某一稳定值。而不同的地层水压，想达到这一稳定值需要超前泄水孔的长度不同。这是因为初始水压越大，隧道开挖受到的地下水影响范围也就越大。只有当超前泄水孔的长度超出这个范围，才能使在该地层条件下开挖的隧道达到最稳定的状态。

根据图 5-13，可得出以下结论：①在不进行超前泄水的情况下，随着水头高度的增加，压力拱大小的增加幅度呈现增大的趋势，30m、50m、80m、120m 初始水头条件下，纵断面面积分别为 35.2m²、42.1m²、98.4m²、230.0m²。②30m、50m、80m、120m 水头条件下开挖隧道，若想隧道开挖后处于最稳定的状态，分别需要 20m、25m、30m 及超过 40m 的超前泄水孔。③隧顶存在 30m、50m、80m、120m 水头时，泄水孔最大可分别减小 32.95%、41.58%、49.19%、超过 69.74%压力拱纵断面面积。

故从掌子面前方围岩压力拱范围进行分析，当水头为 30m 时，建议泄水孔的长度为 20m；当水头为 50m 时，建议泄水孔的长度为 25m；当水头为 80m 时，建议泄水孔的长度为 30m；当水头为 120m 时，建议泄水孔的长度超过 40m。

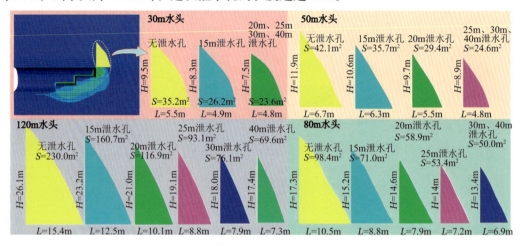

图 5-13 掌子面前方压力拱形态特征

3）地层孔隙水压力的变化

地层孔隙水压力下降是超前泄水孔最直接的作用体现，是掌子面挤出变形与掌子面前方压力拱减小的根本原因。故提取出掌子面挤出最大值点(0,40,-4)前方 50m 内地层孔隙水压力，以研究超前泄水孔的降水作用。图 5-14 为采用各长度超前泄水孔时，地层孔隙水压力与初始水头高度、掌子面距离的关系图。隧道开挖后，掌子面为地下水天然的泄水口，掌子面与洞内空气接触，此处水压为零。随着与掌子面距离的增加，地层孔隙水压力急剧增长，至一定距离（临界距离）后达到地层初始孔隙水压力值。此后，围岩中将会产生超静孔隙水压力，使孔隙水压力大于初始水压。初始水头高度越高，临界距离就会越大；随着泄水孔长度的增加，临界距离也会逐渐增大。同时，相比于不设置超前泄水孔，设置超前泄水孔时，隧道开挖后孔隙水压力面均有明显降低，且随着超前泄水孔长度的增加，地层水压下降效果越好。

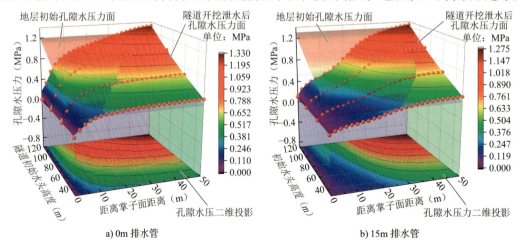

图 5-14

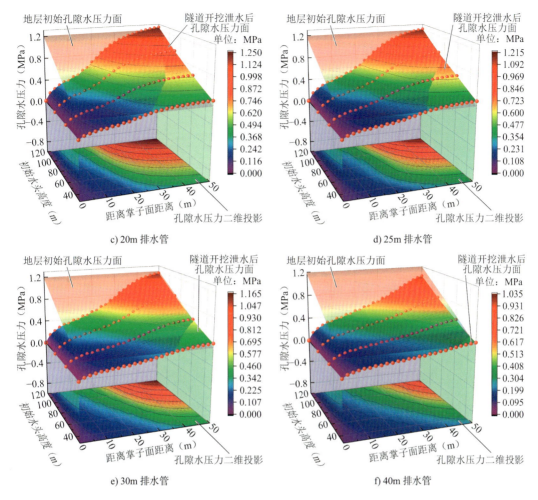

c) 20m 排水管　　　　d) 25m 排水管

e) 30m 排水管　　　　f) 40m 排水管

图 5-14　掌子面前方测点孔隙水压力分布图

隧道掌子面压力拱范围内的水压过大是掌子面突涌的直接诱因，故提取各水头条件下，采取不同长度的泄水孔后，压力拱边缘处水压见表 5-6。同时，根据表 5-6，可绘制各水头条件下，掌子面前方水压随泄水孔长度增加的变化趋势图 5-15。从而预测各水头条件下，采用超前泄水孔后，掌子面前方压力拱边缘处的最小水压，并根据预测结果选择合适且经济的泄水孔长度。

压力拱边缘地层水压释放效果表　　　　表 5-6

地下水头高度（m）	初始压力拱最远位置（m）	初始水压（MPa）（不排水）	排水后水压（MPa）				
			15m 排水管	20m 排水管	25m 排水管	30m 排水管	40m 排水管
30	5.5（$Y=45.5$）	0.239	0.102	0.099	0.098	0.097	0.096
50	6.7（$Y=46.7$）	0.367	0.161	0.151	0.148	0.146	0.145
80	10.5（$Y=50.5$）	0.641	0.301	0.256	0.248	0.243	0.240
120	15.4（$Y=55.5$）	0.931	0.552	0.451	0.412	0.385	0.374

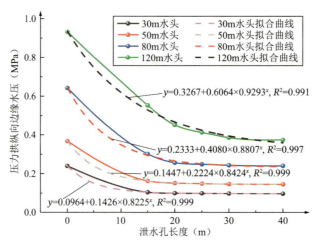

图 5-15 掌子面前方水压释放效果图

如图 5-15 所示，在各种初始水头情况下，地层水压下降效果随超前泄水孔长度呈 "$y = a + b \times c^x$" 的指数函数关系。其中，x 为泄水孔长度；a 为各水头情况下采取超前泄水孔后最低水压的预测值；b 与 c 为拟合系数。对于 30m 与 50m 水头地层，15m 长的超前泄水孔可达到最优降水效果的 95% 以上；对于 80m 水头地层，25m 长的泄水孔可达到最优效果的 96.39%；对于 120m 水头地层，40m 长的泄水孔仅可达到最优泄压效果的 92.17%。若以达到最优泄压效果的 95% 作为泄水孔长度的选择标准，当地层水压小于 50m 时，建议泄水孔的长度为 15m；当地层水压小于 80m 时，泄水孔长度为 25m；当地层水压为 120m 时，泄水孔长度可超过 40m。

根据上述超前泄水孔效果分析，拟定泄水孔长度建议表（表 5-7），综合考虑掌子面变形、掌子面前方压力拱大小、掌子面前方水压释放效果，建议 30m 水头采用 15m 长的泄水孔，50m 水头采用 20m 长的泄水孔；80m 水头采用 30m 长的泄水孔，120m 水头采用超过 40m 长的泄水孔。

泄水孔长度建议（单位：m） 表 5-7

地层水头高度	判断因素			
	掌子面围岩变形	压力拱纵断面形态	掌子面稳定性	孔隙水压力泄压效果
30	0	20	15	15
50	20~25	25	25	15
80	30	30	30	25
120	>40	>40	40	>40

5.3 富水强砂化白云岩隧道洞周径向排水技术

超前泄水孔可以明显控制隧道掌子面变形、减小拱顶压力拱形态、降低掌子面前方地层水压，但它不能有效改善衬砌承受的水压。且当隧道现场采用帷幕注浆等方法封堵掌子面、不宜施作超前泄水孔时，可在掌子面后方洞周初期支护打设径向泄水孔（图 5-16），以减轻衬砌所受的水压。本节将采用数值模拟的方法，考虑泄水孔长度、钻孔位置、钻孔横向角度、环向间（数量）、纵向间距、钻孔纵向倾斜角度等因素，分析洞周径向排水对衬砌水压、衬砌变形、衬砌受力特征的影响。

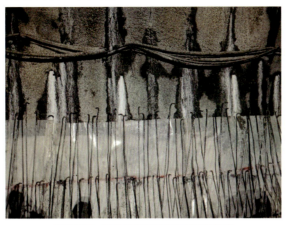

图 5-16　现场拱脚衬砌径向泄水孔

5.3.1　径向排水数值模型

（1）数值模型建立

本节建立的数值模型与 5.2 节模型类似，计算埋深取 150m，隧道衬砌采用 Vc 型复合衬砌。初期支护采用 27cm 厚的 C25 喷射混凝土，二次衬砌采用 50cm 厚的 C35 钢筋混凝土。全环采用工22a 钢架，间距 0.6m。根据帷幕注浆设计图纸，洞周注浆范围约为 5m。隧道开挖断面高 11.79m、宽 12.96m。考虑到圣维南原理，模型边界取 5 倍隧道宽度以上，故取左右边界 $X = \pm 80$m，模型下边界 $Z = -80$m，上边界为计算埋深 $Z = 150$m，纵向长度根据计算工况不同而不同。整个计算模型如图 5-17 所示，模型尺寸为 $X \times Y \times Z = 160$m $\times 100$m $\times 230$m。

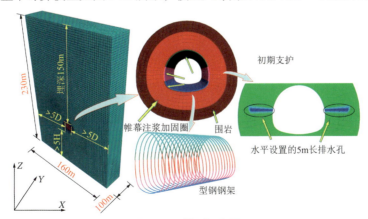

图 5-17　模型示意图

隧道实际施工时，二次衬砌落后掌子面百余米，且本节研究的是初期支护钻孔泄水，故不考虑二次衬砌。隧道围岩及洞周注浆圈均采用莫尔-库仑实体单元，喷射混凝土采用弹性实体单元，钢架采用梁单元模拟。模型顶部采用自由边界，其余各边界均采用单向固定约束。初始条件下除顶部边界外，其余各边界均采用不透水边界，并设定一恒定地下水面，模拟实际地下水源的补充。计算时，隧道采用一次开挖的方式，开挖后，初期支护设定为透水实体，初期支护与大气相接，所以设定临空面水压为 0。最后，通过将泄水孔所在位置的节点水压设定为 0 来模拟泄水作用。

（2）计算工况

为了确定采用衬砌径向排水的富水强砂化白云岩隧道洞周的水力特性，本节研究径向泄水孔的最优安装、布局方式，考虑三维参数的影响，以泄水孔长度、从拱顶出发泄水孔钻设角度、环向间隔、纵向间距、横向倾斜角度及纵向倾斜角度为计算变量，地下水头及埋深为不变量。表 5-8 和图 5-18 总结了计算工况及工况变量说明。通过以不同因素为变量，研究各因素对排水效果、衬砌变形、支护应力的影响。

计算工况表 表 5-8

工况编号	变量说明	长度（m）	钻设角度（°）	横向倾斜角度（°）	环向间隔 a，b（°）（数量）	纵向间距（m）	纵向倾斜角度（°）
①$_1$	泄水孔长度	1	90	0	—	4	0
①$_2$		2					
①$_3$		3					
①$_4$		4					
①$_5$		5					
①$_6$		6					
①$_7$		7					
①$_8$		8					
②$_1$	径向钻孔位置（角度）	5	30	—	—	4	0
②$_2$			45				
②$_3$			60				
②$_4$			75				
②$_5$			90				
②$_6$			105				
②$_7$			120				
②$_8$			135				
③$_1$	泄水孔横向倾斜角度	5	90	30	—	4	0
③$_2$				15			
③$_3$				0			
③$_4$				−15			
③$_5$				−30			

续上表

工况编号	变量说明	长度（m）	钻设角度（°）	横向倾斜角度（°）	环向间隔 a, b（°）（数量）	纵向间距（m）	纵向倾斜角度（°）
④₁	泄水孔环向间隔（数量）	5	—	—	90,180（2）	4	0
④₂					40,80（4）		
④₃					25,50（6）		
④₄					22,36（8）		
④₅					15,30（10）		
⑤₁	泄水孔纵向间距	5	—	—	40,80（4）	2	0
⑤₂						4	
⑤₃						6	
⑤₄						8	
⑤₅						10	
⑥₁	泄水孔纵向倾斜角度	5（投影长度）	90	0	—	4	0
⑥₂							15
⑥₃							30
⑥₄							45
⑥₅							60
⑥₆							75

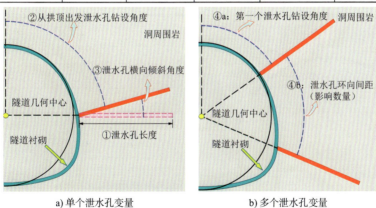

图 5-18 变量说明

（3）计算参数

计算参数取值方式如下：根据第 2 章所述的室内物理力学试验、变水头渗透试验，获得计算所需围岩的基本物理力学参数；根据有关设计规范或技术规程，获得喷射混凝土的弹性模量及渗透系数；根据前人的研究结果，围岩注浆后弹性模量可提升 30% 以上，c、φ 能够提升 20%~30%，渗透系数能减小至 0.1%~0.5%，故计算参数取值见表 5-9。同时，为得到稳定的水压、应力、变形等数据，各工况计算时间与 5.2.1 节一样，取为 3d。

数值模拟计算参数 表 5-9

计算参数	E（GPa）	μ	c（kPa）	φ（°）	ρ（g/cm³）	k（cm/s）
强砂化白云岩	0.266	0.35	94.26	26	2.31	5.11×10^{-4}
注浆圈	0.399	0.35	141.39	33.8	2.50	1.02×10^{-6}
初期支护	28	0.2	—	—	2.40	2.60×10^{-9}
型钢钢架	200	0.3	—	—	7.85	—

5.3.2 排水效果分析

衬砌钻设泄水孔最本质、最直接的作用，就是以排水的方式降低洞周水压。本节首先分析不同工况下，泄水孔的排水效果受各因素的影响。由于隧道结构、钻孔位置呈对称分布，故监测点位沿洞周一侧分布；同时，钻孔断面间存在一定间距，各工况监测断面包括钻孔断面与中间断面，如图 5-19 所示。

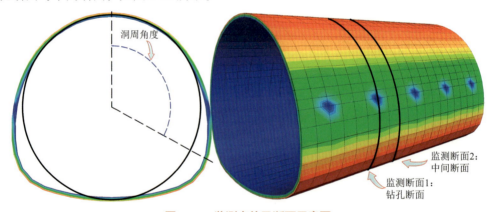

图 5-19　监测点位及断面示意图

（1）泄水孔长度的影响

图 5-20 为在洞周 90°位置钻孔，不同泄水孔长度的钻孔断面洞周水压分布图。根据图 5-19，对于富水隧道，若不注浆不排水，采用常规施工方法，衬砌施工期所受洞周水压仅略小于各处的初始水压。以 80m 初始水头为例，隧道拱顶水压为 766kPa，隧道仰拱水压高达 854kPa，隧道施工存在极大风险。当隧道施工采取全断面帷幕注浆时，可有效将部分外水压消散于注浆圈（5m 厚）中，此时衬砌水压最大处位于隧道墙脚，最大值为 553kPa；相较于不注浆，水压可减小 35.12%，但隧道施工仍存在一定风险。在此基础上，于喷射混

凝土表面钻设泄水孔穿入围岩，可进一步减小洞周水压，尤其是泄水孔附近。泄水孔处水压为 0，沿着衬砌向上，水压急剧增大，到达拱腰后，水压增加幅度逐渐减小；从泄水孔处沿着衬砌向下，水压同样急剧增大，在墙角达到最大值，然后开始缓慢减小。

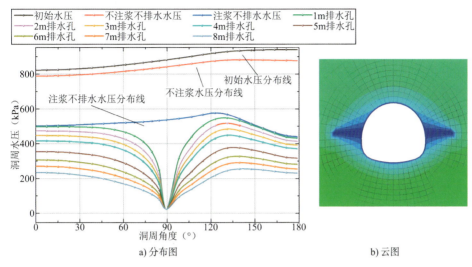

a) 分布图　　　b) 云图

图 5-20　不同泄水孔长度的钻孔断面洞周水压分布图和云图

同时，泄水孔长度越长，泄压效果越好。由图 5-20 可见，洞周水压共有拱顶、拱腰、拱脚、墙脚、仰拱 5 个特征点。为了更好地比较不同长度泄水孔（拱脚处钻孔排水）的泄压效果，将该拱顶、拱腰、墙脚、仰拱处水压列于表 5-10 中。结合图表进行分析，泄压效果随泄水孔长度的增加而增加。当泄水孔长度小于注浆圈厚度（5m）时，泄水孔长度每增加 1m，拱顶、拱腰、墙脚、仰拱处泄压效果分别平均增加 5.64%、6.21%、6.69%、4.81%。而当泄水孔刚好穿过注浆圈时，泄水孔的泄压效果明显突增。5m 长的泄水孔较 4m 长的泄水孔，在拱顶、拱腰、墙脚、仰拱的泄压效果分别增加 12.95%、14.08%、14.29%、12.98%。此时，拱顶、拱腰、墙脚、仰拱的水压分别为 331kPa、313kPa、327kPa、293kPa，均小于初始水压的一半，有很好的泄压效果。在泄水孔穿过注浆圈后，泄水孔长度每增加 1m，拱顶、拱腰、墙脚、仰拱处泄压效果分别平均增加 8.35%、8.70%、8.02%、6.89%。故现场实际施工时，洞周泄水孔最好穿过注浆圈，同时从经济性角度分析，建议泄水孔长度取 5m 或 6m。

不同泄水孔长度泄压效果表　　　表 5-10

泄水孔长度（m）	拱顶（0°）		拱腰（38.75°）		墙脚（123.33°）		仰拱（180°）	
	水压（kPa）	泄压效果（%）	水压（kPa）	泄压效果（%）	水压（kPa）	泄压效果（%）	水压（kPa）	泄压效果（%）
1	474	1.04	471	2.48	517	6.51	407	2.16
2	450	6.05	441	8.70	479	13.38	389	6.49
3	424	11.48	413	14.49	443	19.89	367	11.78
4	393	17.95	381	21.12	406	26.58	347	16.59
5	331	30.90	313	35.20	327	40.87	293	29.57

续上表

泄水孔长度（m）	拱顶（0°）		拱腰（38.75°）		墙脚（123.33°）		仰拱（180°）	
	水压（kPa）	泄压效果（%）	水压（kPa）	泄压效果（%）	水压（kPa）	泄压效果（%）	水压（kPa）	泄压效果（%）
6	283	40.92	261	45.96	271	50.99	257	38.22
7	247	48.43	224	53.62	233	57.87	231	44.47
8	211	55.95	187	61.28	194	64.92	207	50.24

注：泄水效果=(注浆不排水水压－注浆排水水压)/注浆不排水水压。

图 5-21 为不同泄水孔长度的两钻孔断面的中间断面洞周水压分布图。中间断面洞周水压分布与钻孔断面水压分布类似，从拱顶向下，水压先减小至最小值（位于拱脚，洞周角度 90°），再增大至最大值（位于墙脚），最后再减小。同样地，泄水孔长度越长，中间断面洞周水压越小，由于该断面未钻设泄水孔，故最小水压大于 0。将该断面水压同钻孔断面水压进行对比，分析发现，在(0°,74°)和(107°,180°)角度范围内，两断面水压的数据基本一致，而在(74°,107°)范围内两者水压相差较大，相差最大位置为 90°处，以 5m 长泄水孔工况为例，两处拱腰水压最大相差 202kPa。由此说明，洞周水压在泄水孔附近±16°受泄水孔影响最大。

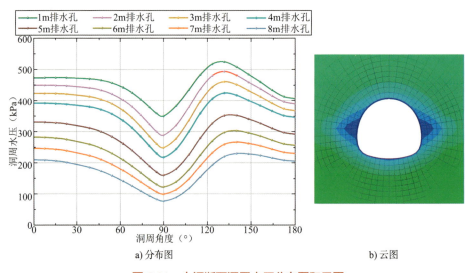

a) 分布图　　　b) 云图

图 5-21　中间断面洞周水压分布图和云图

（2）泄水孔径向钻孔位置的影响

为探究径向钻孔位置对释压效果的影响，泄水孔长度定为 5m，钻孔断面间距为 4m，钻孔位置分别为 30°、45°、60°、75°、90°、105°、120°、135°。图 5-22 为泄水孔不同径向钻孔位置洞周水压云图。根据该图，可很直观地判断泄水孔的影响，泄水孔越靠近拱顶，拱顶泄压效果越好，泄水孔越靠近仰拱，隧道底部泄压效果越好。

图 5-23 为泄水孔不同径向钻孔位置洞周水压分布图。通过该图，可将泄水孔的泄压效果量化分析，其中图 5-23a）为钻孔断面的洞周水压分布图，图 5-23b）为中间断面的洞周水

压分布图。各工况下,洞周水压呈"√"形分布,且"√"中拐点为钻孔位置,随着钻孔角度增大(拐点后移),拐点前线逐渐增长,钻孔断面拱顶水压从 166.6kPa 逐渐增加至 361.8kPa,拐点后线逐渐减短,仰拱水压从 371.5kPa 减小至 247.6kPa。特别是,当钻孔角度在[30°,90°]时,洞周最大水压位于隧道墙脚;当钻孔角度在[105°,135°]时,洞周最大水压位于隧道拱顶;当钻孔角度为[90°,105°]时,拐点前后最大水压相对接近,可改善衬砌受力特征。所以,若现场施工只钻设两个径向泄水孔,则建议径向钻孔位置选在[90°,105°]范围内。

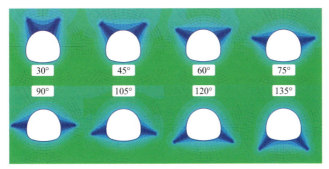

图 5-22 泄水孔不同径向钻孔位置洞周水压云图

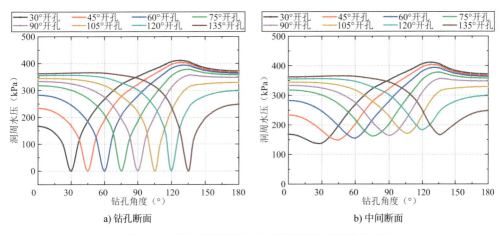

图 5-23 泄水孔不同径向钻孔位置洞周水压分布图

(3)泄水孔横向倾斜角度的影响

为探究泄水孔横向倾斜角度对释压效果的影响,本次试验选择在衬砌拱脚处钻孔,泄水孔的长度定为 5m,钻孔断面间距为 4m,倾斜角度分别为 30°、15°、0°、-15°、-30°。图 5-24 钻孔断面洞周水压云图,该图显示在同一点打设泄水孔,不同的横向倾斜角度对洞周水压分布也存在一定的影响,向上倾斜时减小拱腰水压,向下倾斜时减小墙脚水压。

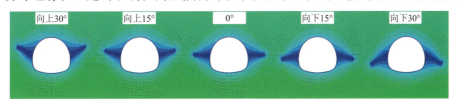

图 5-24 泄水孔不同横向倾斜角度洞周水压云图

图 5-25 为泄水孔不同横向倾斜角度洞周水压分布图。从具体数据上看，钻孔倾斜角度对泄水孔的泄压效果没有显著影响，这可能是因为泄水孔远端对衬砌边界孔隙水压力的影响不大。将向上倾斜 30°和向下倾斜 30°进行对比分析，向下倾斜 30°时，钻孔断面拱顶水压较向上倾斜 30°时大 20.0kPa，拱腰水压大 39.2kPa，墙脚水压小 101.8kPa，仰拱水压小 31.7kPa。同时，当横向倾斜角度在[0°,30°]时，墙脚水压最大；当横向倾斜角度为−30°时，拱顶水压最大；当横向倾斜角度为−15°时，上述两处水压基本相当。所以，在拱脚处钻设泄水孔时，建议钻孔角度为向下倾斜 15°。

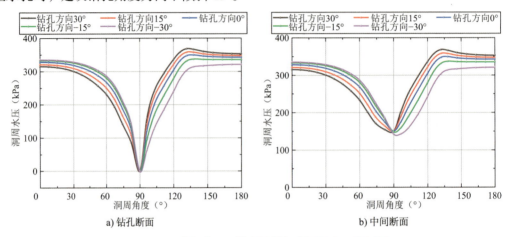

图 5-25　泄水孔不同横向倾斜角度洞周水压分布图

（4）泄水孔环向间隔（泄水孔数量）的影响

为探究泄水孔环向间隔（泄水孔数量）对泄压效果的影响，泄水孔长度定为 5m，纵向间距为 4m，均为径向钻孔，钻孔位置与环向间隔和数量有关，钻孔环向间隔为 90°、80°、50°、36°、30°，泄水孔数量分别为 2 根、4 根、6 根、8 根、10 根。图 5-26 为以泄水孔环向间隔为变量时，打孔断面与中间断面洞周水压云图。该图显示两种断面洞周水压均随环向间隔减小，泄水孔数量增多而显著减小。

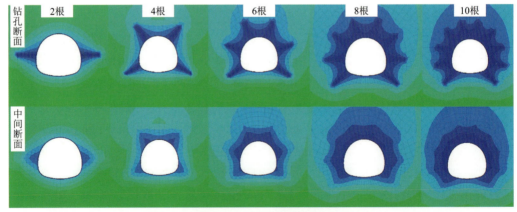

图 5-26　泄水孔不同环向间隔洞周水压云图

图 5-27 为泄水孔不同环向间隔洞周水压分布图。根据图 5-27，当仅有两个泄水孔时，

墙脚处的水压为洞周水压最大值；当泄水孔≥4个时，由于墙脚附近泄水孔数量增多，导致墙脚不再是洞周水压的特征位置，此时最大水压位于隧道仰拱，最大值小于300kPa。另外，相对于4个泄水孔，当泄水孔为6个时，钻孔断面拱顶水压可减小49.4%，拱脚水压可减小51.1%，仰拱水压可减小10.7%。此时，多增加的2个泄水孔具有很高的泄压收益。而当泄水孔为8个和10个时，多增加的泄水孔并不能获得特别大的泄压收益，也即增加泄水孔的数量虽然可以降低孔隙水压力，但降低幅度并不显著。一般来说，泄水孔的数量越多，降压效果越好。但考虑施工效率及经济性，建议一个断面采用4个或6个泄水孔。

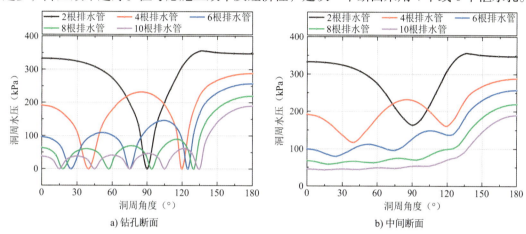

图 5-27　泄水孔不同环向间隔洞周水压分布图

（5）泄水孔纵向间距的影响

为探究泄水孔纵向间距对泄压效果的影响，泄水孔长度定为5m，1个断面钻4个泄水孔，且均为径向钻孔，泄水孔的纵向间距即变量分别为2m、4m、6m、8m、10m。由于钻孔位置相同，故各工况钻孔断面水压云图一样，图5-28是以泄水孔纵向间距为变量时，中间断面洞周水压云图。根据该图可知钻孔断面间距越大，中间断面泄压效果越差，当纵向间距为8m时，从云图只能看出隧道上部钻有泄水孔，当纵向间距为10m时，基本看不出泄水孔的钻设位置。

图 5-28　泄水孔不同纵向间距的中间断面洞周水压云图

由图5-29a）可知，泄水孔纵向间距是影响隧道洞周排水的关键因素。纵向间距8m较10m、6m较8m，其缩短对钻孔断面水压释放效果的增加不突出。而相对于6m纵向间距，4m纵向间距的钻孔断面拱顶、拱脚、墙脚水压可分别减小37.2kPa、38.5kPa、21.8kPa；相对于4m纵向间距，2m纵向间距的钻孔断面拱顶、拱脚、墙脚水压可分别减小49.7kPa、57.2kPa、

32.7kPa。泄水孔纵向间距缩短2m,可带来很好的水压释放效果。由图5-29b)可知,若将中间断面地层水压沿洞周角度变化曲线看作"振动曲线",纵向间距为8m、10m的曲线"波谷"不明显。而纵向间距为2m、4m、6m的曲线"波谷"显然位于40°以及120°,泄水孔的释压特征明显。所以,若现场施工钻设4个泄水孔,则建议泄水孔的纵向间距≤4m。

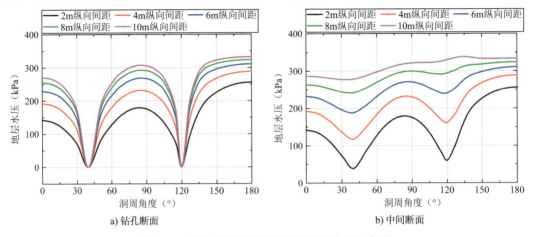

图 5-29 泄水孔不同纵向间距的洞周水压分布图

（6）泄水孔纵向（前倾）倾斜角度的影响

为探究泄水孔纵向倾斜（前倾）角度对泄压效果的影响,在隧道拱脚进行径向钻孔,泄水孔投影长度为5m,刚好穿过注浆圈,泄水孔的前倾角度分别为0°、15°、30°、45°、60°、75°。图5-30是泄水孔不同纵向倾斜角度拱脚平面水压云图,由图可见,前5种倾斜角度下还可以明显看到泄水孔的位置,但当钻孔前倾75°时,由于排水路径增长,导致前后两泄水孔影响区相互重叠。

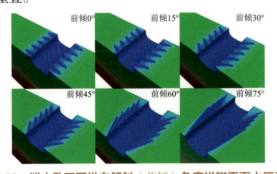

图 5-30 泄水孔不同纵向倾斜（前倾）角度拱脚平面水压云图

图5-31为泄水孔不同纵向倾斜（前倾）角度的洞周水压分布图。泄水孔前倾角度对钻孔断面水压分布的影响不大,对中间断面水压分布的影响相对更大,前倾角度越大,中间断面在拱脚处的水压越小。当前倾角度≤45°时,钻孔断面4条水压分布曲线基本重合,中间断面除拱腰有一定差异外,其余部位水压分布基本接近。当前倾角度为60°、75°,特别是75°时,两监测断面拱顶、拱腰、墙脚、仰拱水压均有一个很大的增加。综合考虑两监测断面水压分布,认为泄水孔的纵向倾斜带来的水压释放增加不大,而纵向倾斜还会增加

钻孔长度，故建议现场施工泄水孔纵向倾斜角度应≤45°。此外，为降低施工难度并提高施工效率，建议垂直隧道轴线方向钻孔，即纵向倾斜角度为0°。

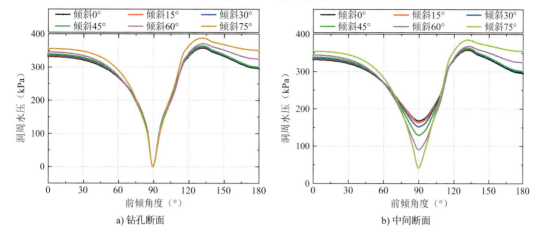

图 5-31　泄水孔不同纵向倾斜（前倾）角度的洞周水压分布图

提取泄水孔钻孔断面及中间断面喷射混凝土外表面水压，以研究泄水孔长度、径向钻孔位置、横向倾斜角度、环向间隔、纵向间距、纵向倾斜角度等因素对泄水孔排水泄压的影响。采用控制变量法，对上述因素进行分析，从水压控制角度建议泄水孔长度为5~6m，为隧道垂直高度的2/5~1/2，穿过注浆圈；泄水孔最佳钻孔位置位于[90°,105°]范围内；在拱脚打设泄水孔时，建议泄水孔横向倾斜角度为-15°，纵向倾斜角度为0°；建议泄水孔环向间隔为50°~80°，每个钻孔断面对应泄水孔的数量为4~6个；每个钻孔断面有4个泄水孔时，建议泄水孔的纵向间距≤4m。

5.3.3　初期支护变形分析

隧道洞周径向排水直接改变的是地下水的渗流路径，从而影响初期支护所受水压，减小支护变形、优化结构受力特征。因此，本节将研究在不同计算工况下，泄水孔的各特征因素对初期支护变形的影响。

（1）泄水孔长度的影响

研究洞周初期支护变形时，需要提取了各计算工况拱顶沉降值、拱脚水平收敛值（拱脚收敛最大）和仰拱隆起值，图 5-32 是在拱脚进行径向（水平）排水时，泄水孔长度对洞周初期支护变形的影响曲线。计算泄水孔长度包括1~8m，当泄水孔长度≤4m时，三种类别的变形无太大的变化。当泄水孔长度为5m时，拱脚水平收敛和仰拱隆起突然减小，随后在泄水孔长度为6m时，变形降低的趋势开始变弱，曲线斜率减小；而隧道拱顶沉降值自泄水孔长度为5m时开始缓慢增加，但增加的幅度并不大。相对于泄水孔长度4m，泄水孔长度为5m、8m时，拱脚水平收敛分别减小 10.76%、20.95%，仰拱隆起分别减小 6.89%、14.04%，拱顶沉降增加 3.20%、11.36%。故长度 5m 的泄水孔只需付出少量增大拱顶沉降的"代价",即可相对多地减小最大水平收敛及仰拱隆起。

(2)泄水孔径向钻孔位置的影响

图 5-33 是在不同位置钻设长度为 5m 的泄水孔时,拱顶沉降值、拱脚水平收敛值(拱脚收敛最大)和仰拱隆起值的变化图,计算钻孔位置包括 30°、45°、60°、75°、90°、105°、120°、135°。从拱顶向仰拱出发,最大水平收敛值呈先减小后增加的趋势,当钻孔位置为 90°(拱脚水平钻孔)时,最大水平收敛值最小,为 21.70mm。对拱顶沉降而言,钻孔位置越靠近拱顶,沉降值最小,随着钻孔角度的增大,沉降值先增加,后缓慢趋于 42.05mm。而仰拱隆起与拱顶沉降变化趋势刚好相反,其整体呈变小的走势,且变小的速度随钻孔位置的增大而增大,隆起值在 30°时最大为 56.87mm,在 135°时最小为 44.69mm。

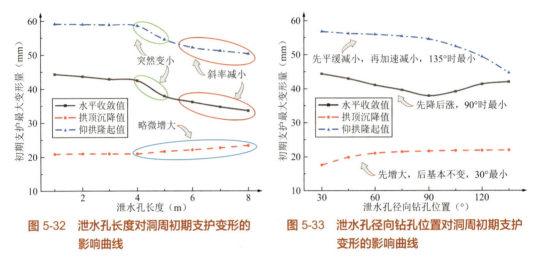

图 5-32 泄水孔长度对洞周初期支护变形的影响曲线

图 5-33 泄水孔径向钻孔位置对洞周初期支护变形的影响曲线

(3)泄水孔横向倾斜角度的影响

图 5-34 是在拱脚进行钻孔排水时,5m 泄水孔横向倾斜角度对洞周初期支护变形的影响曲线,计算工况包括 ±15°、±30°、0°。该图显示拱脚最大水平收敛、拱顶沉降受横向倾斜角度的影响很小,两条变形曲线基本为平直线,仰拱隆起值随横向倾斜角度的增大而略微增加,横向倾斜角度为 -30°时,泄水孔朝向隧道下部,故使得仰拱隆起值最小,为 52.01mm。

(4)泄水孔环向间隔(泄水孔数量)的影响

同一钻孔断面泄水孔之间的环向间隔直接影响断面泄水孔的数量,各计算工况泄水孔分布尽可能均匀,计算工况包括 2 个、4 个、6 个、8 个、10 个泄水孔,图 5-35 是钻孔断面泄水孔数量对洞周初期支护变形的影响曲线。该图显示洞周最大水平收敛曲线呈先增大后减小的形态,在只有 2 个泄水孔时最小,为 37.95mm,6 个泄水孔时最大。这是因为仅有 2 个泄水孔时,泄水孔设于拱脚,最能减小拱脚处水压,初期支护在围压及渗透力作用下发生变形。第一个泄水孔的位置对拱顶沉降的影响最大,泄水孔数量的增多使第一个泄水孔更靠近拱顶,同时拱顶沉降对泄水孔位置的敏感性较弱,泄水孔仅能略微减小拱顶沉降。相反，仰拱隆起对泄水孔位置较为敏感，泄水孔数量越多，最后一个泄水孔就越靠近仰拱，仰拱隆起值就越小，最小值为39.10mm。

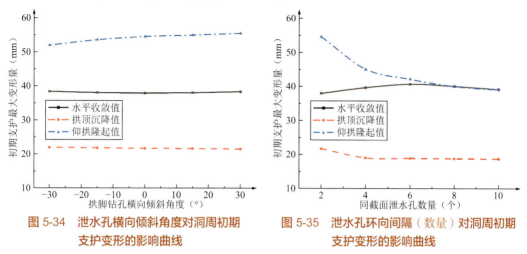

图 5-34 泄水孔横向倾斜角度对洞周初期支护变形的影响曲线

图 5-35 泄水孔环向间隔（数量）对洞周初期支护变形的影响曲线

（5）泄水孔纵向间距的影响

图5-36是径向钻设4个5m长的泄水孔时，泄水断面纵向间距对洞周初期支护变形的影响曲线，钻设角度为40°、120°，纵向间距分别为2m、4m、6m、8m、10m。该图显示三条变形曲线随纵向间距变化的走势基本一致，均近似为斜直线。泄水断面的纵向间距越小，水平收敛值、拱顶沉降值、仰拱隆起值均越小，最小值分别为39.18mm、18.50mm、43.44mm。

（6）泄水孔纵向倾斜（前倾）角度的影响

图5-37是在拱脚水平钻设泄水孔时，泄水孔纵向倾斜（前倾）角度对洞周初期支护变形的影响曲线。根据图5-36，泄水孔前倾角度越大，墙脚排水效果越好，导致拱腰水压越小，拱顶、仰拱水压越大。隧道水平收敛值逐渐变小，前倾角度大于45°以后，变小速度加快；仰拱隆起在45°以前无明显增长，在60°以后发生突增；拱顶沉降对泄水孔纵向倾斜角度的敏感性不强，曲线变化幅度很小。

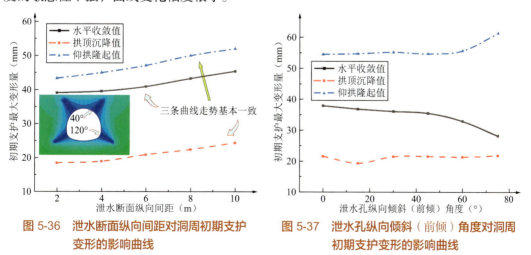

图 5-36 泄水断面纵向间距对洞周初期支护变形的影响曲线

图 5-37 泄水孔纵向倾斜（前倾）角度对洞周初期支护变形的影响曲线

5.3.4 初期支护应力分析

FLAC3D 中可提取初期支护的最大主应力和最小主应力。最大主应力一般为正值，对应初期支护单元可能承受的拉应力；最小主应力一般为负值，对应初期支护单元能承受的压应力。本节依托的富水砂化白云岩隧道埋深较大，初期支护同时受到围岩压力及较大的洞周水压作用，导致各研究工况最大主应力均为负值，意味着初期支护全环受压，故本节仅研究初期支护最小主应力即最大压应力。根据喷射混凝土最小主应力云图，各计算工况初期支护最大压应力均位于拱脚或边墙的内侧，最小压应力位于拱顶或仰拱的外侧，排水对初期支护应力分布特征的影响不大，仅能降低应力数值。

（1）泄水孔长度的影响

图 5-38 是在拱脚进行径向（水平）排水时，泄水孔长度对初期支护最大压应力的影响曲线，计算长度包括 1~8m。如图 5-38 所示，初期支护最大压应力随泄水孔长度的增加而整体下降，在泄水孔未穿过注浆圈时，泄水孔长度的减小对初期支护最大压应力的影响较弱；在其刚好穿过注浆圈时，曲线发生陡降，长度 5m 的泄水孔可较大幅度地降低拱脚处初期支护最大压应力；穿过注浆圈后，泄水孔长度增加，初期支护最大压应力继续减小，减小速度有所减缓。相对于长度 1m 的泄水孔，当泄水孔长度为 4m、5m、8m 时，初期支护的最大压应力可分别减小 0.80MPa、4.13MPa、6.78MPa。

（2）泄水孔径向钻孔位置的影响

研究泄水孔径向钻孔位置对初期支护最大压应力的影响时，计算工况包括 30°、45°、60°、75°、90°、105°、120°、135°，初期支护最大压应力如图 5-39 所示。初期支护最大水平收敛变形曲线（图 5-39）类似一个波谷，钻孔位置越靠近拱脚，初期支护最大压应力就越小；钻孔位置越远离拱脚，最大压应力就越大。30°时最大压应力为 36.91MPa，90°、105°时最大压应力分别为 31.02MPa、30.97MPa。所以，当半截面只钻设 1 个泄水孔时，最佳钻设位置在 90°和 105°之间。

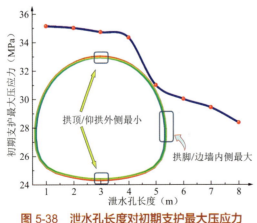

图 5-38 泄水孔长度对初期支护最大压应力影响曲线

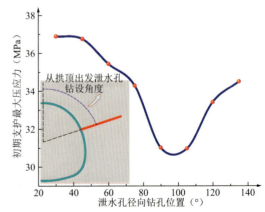

图 5-39 泄水孔径向钻孔位置对初期支护最大压应力的影响曲线

（3）泄水孔横向倾斜角度的影响

图 5-40 是在拱脚进行钻孔排水时，泄水孔横向倾斜角度对洞周初期支护变形的影响曲线，计算工况包括±15°、±30°、0°。根据该图，泄水孔横向倾斜角度对初期支护最大压应力的影响不大，无明显规律，5 个计算工况中，初期支护最大压应力的最大值与最小值之差只有 0.50MPa。

（4）泄水孔环向间隔（数量）的影响

图 5-41 是钻孔断面泄水孔数量对洞周初期支护最大压应力的影响曲线，计算间距包括 180°、80°、50°、36°、30°，对应同截面泄水孔数量分别为 2 个、4 个、6 个、8 个、10 个。由该图可看出，初期支护最大压应力变化曲线类似一个波峰，当截面泄水孔数量为 4 个时，钻孔角度为 40°和 120°，距离拱脚较远，此工况初期支护最大压应力的值最大。当截面泄水孔数量为 2 个时，钻孔角度为 90°，泄水孔直接在拱脚处钻设，此工况初期支护最大压应力的值较小。当截面泄水孔数量为 8 个、10 个时，由于泄水孔数量较多，洞周水压整体下降幅度大，且在拱脚不远处钻有泄水孔，这两个工况初期支护最大压应力的值更小。

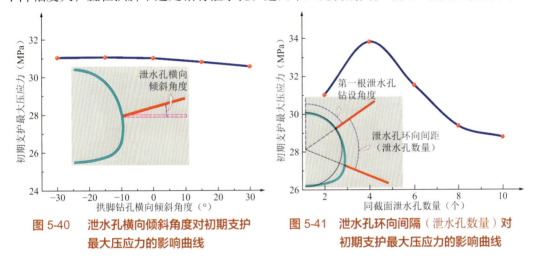

图 5-40 泄水孔横向倾斜角度对初期支护最大压应力的影响曲线

图 5-41 泄水孔环向间隔（泄水孔数量）对初期支护最大压应力的影响曲线

（5）泄水孔纵向间距的影响

为研究泄水断面纵向间距对洞周初期支护变形的影响，钻设位置定为 40°、120°，泄水孔长度为 5m，纵向间距分别为 2m、4m、6m、8m、10m。图 5-42 是泄水断面纵向间距对初期支护最大压应力的影响曲线。该曲线整体呈"S"形，曲线的切线前后斜率小，中间斜率大。当 4m≤纵向间距≤8m 时，初期支护最大压应力受纵向间距的影响大，间距越大，压应力越大。

（6）泄水孔纵向倾斜（前倾）角度的影响

图 5-43 是在拱脚水平钻设泄水孔时，泄水孔纵向倾斜（前倾）角度对初期支护最大压应力的影响曲线，计算时，前倾角度分别为 0°、15°、30°、45°、60°、75°。由图 5-43 可看出，初期支护最大压应力变化曲线类似地基承载力试验中的"$P\text{-}s$曲线"，前半部分平缓下

降，中间部分曲线斜率增大，后半部分初期支护最大压应力陡降，两个分界点对应倾斜角度分别为30°与60°。

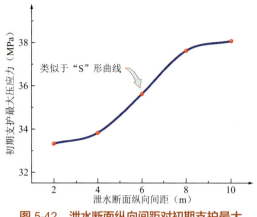

图 5-42 泄水断面纵向间距对初期支护最大压应力的影响曲线

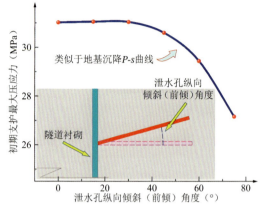

图 5-43 泄水孔纵向倾斜（前倾）角度对初期支护最大压应力的影响曲线

第 6 章

富水砂化白云岩隧道受力特征与加固技术

6.1 不同砂化区域白云岩隧道衬砌力学响应分析

6.1.1 隧道衬砌力学响应模型试验系统和监测系统

（1）试验系统

试验系统由钢制模型箱体、地应力加载系统和注水饱和系统组成（图 6-1）。成昆铁路复线吉新隧道跨度为 12.96m，高度为 11.57m，试验采用的几何相似比为 $C_l = 50$，为满足圣维南原理，隧道边墙距模型两侧边缘约 4D，故钢制模型箱体尺寸设计为 2.4m（长）×0.8m（宽）×1.8m（高）。地应力加载系统通过反力架以及千斤顶对模型上方施加荷载，实现对深埋地应力的模拟。注水饱和系统由底座、注水水箱、补给水箱、自吸抽水泵、联通管道组成；其中，底座由钢架焊接而成，高 1.5m，用于支撑上部水箱；注水水箱由 8mm 厚度的亚克力板制作而成，尺寸 0.5m（长）×0.5m（宽）×1.2m（高），通过预埋土体内的水管将补给水箱中的水导入注入水箱内对土体进行湿润饱和控制。

图 6-1 隧道衬砌力学响应模型试验系统

（2）监测系统

隧道衬砌力学响应模型监测系统由土压力监测、衬砌应变监测和土体饱和监测三部分组成。其中，土压力监测将土压力传感器埋设于衬砌与土体之间，用于测试接触应力大小，以揭示衬砌背后土压力分布规律；衬砌应变监测采用衬砌内外侧粘贴应变片的方式，用于计算衬砌内力，进而评估衬砌结构安全性；土体饱和监测采用孔隙水压力传感器测试砂化区域顶部水压，以水压稳定作为测试土体达到饱和状态的标志。

6.1.2 相似原理及相似材料

1）相似原理

当采用模型试验方法时，应尽可能满足相似三定理，具体如下。

（1）相似第一定理：相似的物理现象必有数值相同的相似准则。

（2）相似第二定理（π定理）：若一个物理现象可由包含 n 个物理量的函数表示，基于 m 种基本量纲可得到个 $(n-m)$ 个相似准则，且描述这个现象的函数关系式可以表示成 $(n-m)$

个相似准则之间的函数关系式。

（3）相似第三定理（逆定理）：凡具有同一特性的物理现象，其单值条件彼此相似；若由单值条件的物理量所组成的相似准则在数值上相等，则这些现象必定相似。

本章仅考虑静力加载，因此根据静态问题进行相似关系推导。根据试验内容，选取弹性模量E、应力σ、应变ε、黏聚力c、内摩擦角φ、泊松比μ、重度γ和几何尺寸L共8个基本量，并选取$[F]$和$[L]$作为基本量纲，采用矩阵分析法建立各物理量的关系，得到相似准则如下：

$$\begin{cases} \pi_1 = \dfrac{E}{\gamma L}, \ \pi_2 = \dfrac{\sigma}{\gamma L}, \ \pi_3 = \varepsilon \\ \pi_4 = \dfrac{c}{\gamma L}, \ \pi_5 = \varphi, \ \pi_6 = \mu \end{cases} \quad (6\text{-}1)$$

由此可得各物理量间的相似关系：

$$\begin{cases} C_E = C_\gamma C_L, \ C_\sigma = C_\gamma C_L, \ C_\varepsilon = 1 \\ C_c = C_\gamma C_L, \ C_\varphi = 1, \ C_\mu = 1 \end{cases} \quad (6\text{-}2)$$

式中，C_E、C_σ、C_ε、C_c、C_φ、C_μ、C_γ、C_L分别为弹性模量E、应力σ、应变ε、黏聚力c、内摩擦角φ、泊松比μ、重度γ和几何尺寸L的相似比。

2）模型试验参数相似关系

根据模型箱尺寸，本次试验几何尺寸相似比为$C_L = 50$，另取重度相似比$C_\gamma = 1$，根据式(6-2)可得各物理力学参数相似比，见表6-1。

各物理力学参数相似比　　　　　　　　　　　　表6-1

指标	相似比	指标	相似比
弹性模量E	50	内摩擦角φ	1
应力σ	50	泊松比μ	1
应变ε	1	几何尺寸L	50
黏聚力c	50	重度γ	1

3）相似材料制备

（1）未砂化白云岩相似材料

基于室内试验结果和相似关系制备未砂化白云岩相似材料，未砂化白云岩力学参数选取详见表6-2，在配置相似材料时主要满足强度相似。此外，试验主要探究砂化白云岩饱和状态，因此为防止未砂化白云岩土体在注水渗流作用下劣化，未砂化白云岩相似材料需要满足较小的渗透性以阻隔水流作用。基于前人模型试验研究，采用黏土颗粒以及细砂作为集料，集料配比3：2，胶结材料选择质量分数3%的白水泥。对配置的相似材料进行强度试验（图6-2），相似材料与原材料对比结果见表6-2。

未砂化白云岩材料参数　　　　　　　　　　　　表6-2

指标	原型	模型	相似比	理论相似比
黏聚力（kPa）	825	21.5	38.37	50
内摩擦角（°）	41.06	40.12	1.02	1

a) 试样制备　　　　　　　　　　　b) 直剪试验

图 6-2　强度试验

（2）砂化白云岩相似材料

材料饱和劣化后难以满足强度相似要求，考虑试验重在反演砂化白云岩饱和后的性质劣化，因此主要考虑劣化前的强度相似，即基于天然状态砂化白云岩力学参数进行配置，同时保证材料遇水饱和后的劣化效果。基于相关试验资料，本试验采用质量比为 2.5∶1 的细砂与重晶石粉做集料，采用质量分数 0.5% 的白水泥作为胶结材料。经测试，该材料遇水崩解，稳定性较差，与现场揭示较为一致，可用于模拟砂化白云岩饱和后的性质劣化。对配置的相似材料进行强度试验（图 6-3），相似材料与原材料对比结果见表 6-3。

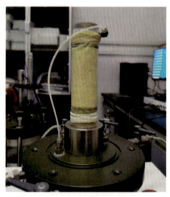

a) 试样制备　　　　　　　　　　　b) 三轴压缩试验

图 6-3　强度试验

砂化白云岩材料参数　　　　　　　　　　　表 6-3

指标	原型	模型	相似比	理论相似比
黏聚力（kPa）	94.62	2.67	35.44	50
内摩擦角（°）	26	22.8	1.14	1

（3）衬砌结构制备

衬砌结构模型如图 6-4 所示。成昆铁路复线吉新隧道初期支护厚度为 27cm，二次衬砌厚度为 50cm，二次衬砌受拉及受压钢筋均采用直径 22mm 的 HRB400 钢筋，间距为 250mm。基于几何相似比，衬砌模型宽为 260mm，高为 230mm，由于模型尺寸较小，为满足强度要求，厚度增加至 15mm。根据文献[61]，衬砌混凝土结构采用石膏制作，膏水比为 1.698，衬砌力学参数见表 6-4。模型钢筋采用双层钢丝网进行模拟，衬砌配筋率保持与原型一致[62]，配筋率为 0.608%，用直径 1.2mm 钢丝进行模拟，布筋间距为 25mm。为防止石膏遇水会发生弱化的问题，模型制作完成后刷清漆防水，通过防水胶带绑扎固定以达到不同断面衬砌结构防水效果。此外，为及时排出注水饱和后的水流，在衬砌三分点位的左右墙脚处钻设 4mm 泄水孔，并布设环向及纵向排水管进行排水。排水管采用弹簧进行模拟，外侧包裹纱布以防止砂土进入，环向排水管弹簧直径为 3mm，纵向排水管直径为 6mm，均通过钢丝绑扎固定。

图 6-4 衬砌结构模型

衬砌结构材料参数　　　　　　　　　　表 6-4

指标	原型	模型	相似比	理论相似比
弹性模量（GPa）	32.5	0.625	52	50

6.1.3 不同砂化区域白云岩隧道衬砌力学响应模型试验设计

1）试验方案

为探究不同地应力和不同砂化区域条件下的白云岩隧道衬砌受力特征，开展砂化白云岩隧道衬砌力学响应模型试验，探究隧道运营过程中衬砌背后土压力、衬砌内力及安全系数的演化规律。

根据模型箱体和实际隧道尺寸，模型试验几何相似比取为 $C_L = 50$。为了探究不同砂化区域条件下隧道衬砌承载规律，在进行模型土填埋时，分别设置拱底砂化、拱顶砂化、全包砂化和边墙砂化四种断面埋设方式（图 6-5），砂化厚度均为 100mm（对应原型 5m）。砂化区域土体中均预埋水管用于注水饱和。不同断面用防水布隔开，防止不同区域注水饱和时相互影响。模型箱体中土体埋设高度为 1.7m，隧道拱顶距离土体表面 0.8m。为实现不同埋深下的地应力，待孔隙水压力稳定，即土体注水饱和后，通过地应力加载系统施加应力。

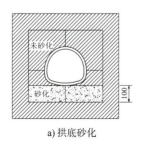

a) 拱底砂化　　　　　b) 拱顶砂化

图 6-5

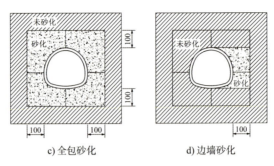

c) 全包砂化　　　　　　d) 边墙砂化

图 6-5　砂化区域示意图（尺寸单位：mm）

由于砂化区域分布特征多种多样，且隧道所处埋深也不一致，故工况设计主要考虑不同砂化区域和不同地应力，设计工况见表 6-5。

模型试验设计工况表　　　　　　　　　　　　　表 6-5

砂化区域	土体状态及地应力				
	天然状态 0kPa （0MPa）	饱和状态 0kPa （0MPa）	饱和状态 40kPa （2MPa）	饱和状态 80kPa （4MPa）	饱和状态 120kPa （6MPa）
拱底	M-1	M-2	M-3	M-4	M-5
拱顶	M-6	M-7	M-8	M-9	M-10
全包	M-11	M-12	M-13	M-14	M-15
边墙	M-16	M-17	M-18	M-19	M-20

注：括号前地应力为模型加载地应力，括号内地应力对应原型地应力。

2）测点布置

本次模型试验测试断面位于每个衬砌的中心断面，测试点位包括拱顶、拱腰、边墙、墙脚、仰拱和拱底，除边墙砂化区域工况采用非对称断面测点布置方式外，其余工况测点布置均采用对称断面测点布置方式，如图 6-6 所示。

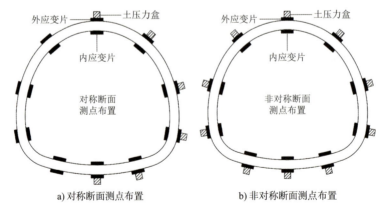

a) 对称断面测点布置　　　　　　b) 非对称断面测点布置

图 6-6　测点布置

3）试验过程

（1）根据相似材料配比制备填土材料及石膏衬砌，粘贴衬砌内外侧应变片，并将土压力计固定在衬砌外侧对应点位，而后通过防水胶带将四个衬砌固定形成整体，再将环向排水管和纵向排水管固定在指定位置。

（2）先采用未砂化白云岩相似土体材料进行填土，待填至隧道拱底下方 20cm 时布设防水布将四个断面隔开，而后继续根据不同砂化区域填埋方案进行填土；待填埋至拱底时放置衬砌结构再继续填土；当每个砂化区域填埋完成时埋入孔隙水压计、注水管及 PVC（聚氯乙烯）管（用于连通室内气压，实现注水）；最后填埋至预设高度。

（3）填埋完成后，模型静置 24h，使土体达到稳定状态，而后开始测试，记录天然状态数据后进行注水饱和，待土体饱和后停止注水，排水完毕后静置 1h。

（4）通过地应力加载系统按工况逐级施加地应力，待数据稳定后进行下一级加载。

试验流程如图 6-7 所示。

图 6-7　试验流程图

4）衬砌内力及安全系数计算

试验监测的是衬砌内外应变数据，通过下式可计算得二次衬砌的轴力及弯矩：

$$N = \frac{1}{2}E(\varepsilon_\mathrm{n} + \varepsilon_\mathrm{w})bh \tag{6-3}$$

$$M = \frac{1}{12}E(\varepsilon_\mathrm{n} - \varepsilon_\mathrm{w})bh^2 \tag{6-4}$$

式中：N——二次衬砌轴力（kN）；

M——二次衬砌弯矩（kN·m）；

E——二次衬砌弹性模量（MPa）；

ε_n——二次衬砌测点内侧应变值；

ε_w——二次衬砌测点外侧应变值；

b——单位长度（m），取 1m；

h——二次衬砌厚度（m）。

二次衬砌属于钢筋混凝土构件，根据《铁路隧道设计规范》（TB 10003—2016），可通过计算二次衬砌抗拉（或抗压）强度安全系数判定结构是否安全。

（1）大偏心受压构件

根据《铁路隧道设计规范》（TB 10003—2016），当 $x \leqslant 0.55h_0$ 时，钢筋混凝土矩形截面为大偏心受压构件，其计算图式如图 6-8 所示。

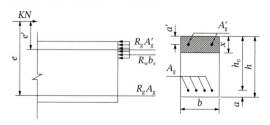

图 6-8　大偏心受压构件截面强度计算图

截面的安全系数 K 可按下式求得：

$$KN \leqslant R_\mathrm{w} bx + R_\mathrm{g}(A'_\mathrm{g} - A_\mathrm{g}) \tag{6-5}$$

或按下式计算：

$$KNe \leqslant R_\mathrm{w} bx(h_0 - x/2) + R_\mathrm{g} A'_\mathrm{g}(h_0 - a') \tag{6-6}$$

此时，截面中性轴的位置按下式确定：

$$R_\mathrm{g}(A_\mathrm{g} e \mp A'_\mathrm{g} e') = R_\mathrm{w} bx(e - h_0 + x/2) \tag{6-7}$$

当轴力的合力 N 作用于受拉区钢筋（A_g）与受压区钢筋（A'_g）的重心之间时，式(6-7)左边第二项取正号，当 N 作用于 A_g 与 A'_g 两重心以外时，则取负号。

当计算中考虑受压钢筋时，则混凝土受压区的高度应符合 $x \geqslant 2a'$ 的要求，如果不符合，则构件的安全系数 K 按下式求得：

$$KNe' \leqslant R_\mathrm{g} A_\mathrm{g}(h_0 - a') \tag{6-8}$$

式中：K——安全系数；

R_w——混凝土弯曲抗压极限强度标准值（kPa），$R_\mathrm{w} = 1.25 R_\mathrm{a}$；

R_a——混凝土的抗压极限强度（kPa）；

R_g——钢筋的抗拉或抗压计算强度标准值（kPa）；

A_g、A'_g——受拉区和受压区钢筋的截面面积（m²）；

a'——受压区钢筋的重心至截面最近边缘的距离（m）；

h_0——二次衬砌截面的有效高度（m），$h_0 = h - a$；

x——混凝土受压区的高度（m）；

e、e'——受拉区和受压区钢筋的重心分别至轴向力作用点的距离（m）。

如果求得的构件截面强度比不考虑受压钢筋时更小，则计算时应不考虑受压钢筋。

（2）小偏心受压构件

当 $x > 0.55h_0$ 时，钢筋混凝土矩形截面为小偏心受压构件，计算图式如图 6-9 所示。

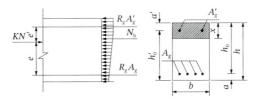

图 6-9 小偏心受压构件截面强度计算图

其安全系数 K 按下式计算：

$$KNe \leqslant 0.5R_a bh_0^2 + R_g A_g'(h_0 - a') \tag{6-9}$$

当轴力的合力 N 作用于受拉区钢筋 A_g 与受压区钢筋 A_g' 的重心之间时，其安全系数尚应符合下式要求：

$$KNe' \leqslant 0.5R_a bh_0'^2 + R_g A_g(h_0' - a) \tag{6-10}$$

式中符号意义同大偏心受压构件。

计算得出的安全系数应符合表 6-6 的要求，模拟仅考虑主要荷载，因此结构受压控制时安全系数 K_c 取为 2.0，结构受拉控制时安全系数 K_t 取为 2.4。

钢筋混凝土结构的强度安全系数 表 6-6

	荷载组合	主要荷载	主要荷载 + 附加荷载
破坏原因	钢筋达到计算强度或混凝土达到抗压或抗剪极限强度	2.0	1.7
	混凝土达到抗拉极限强度	2.4	2.0

为方便后续比较分析，定义等效安全系数 K'，按下式计算：

$$K' = \begin{cases} K/K_c, & \text{受压控制} \\ K/K_t, & \text{受拉控制} \end{cases} \tag{6-11}$$

通过等效安全系数 K' 可直接判定结构是否安全，不需再区分破坏原因，即 $K' \geqslant 1$ 时结构处于安全状态，$K' < 1$ 时结构处于危险状态。

6.1.4 不同砂化区域下衬砌受力特征

（1）拱底砂化区域

拱底砂化区域衬砌受力特征如图 6-10 所示。衬砌与围岩接触压力最大值出现在墙脚处，最小值出现在拱顶处；在无附加地应力下，较天然状态，饱和状态仰拱处接触压力提升 22.4%，边墙处下降 15.3%，其余点位变化较小，变化幅度在 5% 以内；随着地应力增大，各测点接触压力均呈现增大趋势，最值点位未发生改变，但拱顶处接触压力增长最为迅速，工况 M-5 较工况 M-2 增大了 8 倍。衬砌轴力整体受压，最大值出现在墙脚处，最小值出现在拱腰处；在无附加地应力下，较天然状态，饱和状态下右墙脚处轴力提升 21.2%，其余点位变化幅度较小；随着地应力增大，各测点轴力均呈现增大趋势，除拱腰处轴力提升幅度较小外，其余点位轴力增长较为明显。衬砌弯矩除仰拱和墙脚处外侧受拉外，其余点位均为内侧受拉，其中，拱底处弯矩数值最大，墙脚其次，边墙处弯矩数值最小；在无附加地应力下，较天然状态，饱和状态拱底处弯矩提升 19.4%，其余点位弯矩变化较小；随着地应力增大，仅墙脚和拱底处弯矩数值出现了明显增大。在无附加地应力下，拱底处衬砌等效安全系数K'最小（K'_{min} = 1.26），拱腰处最大（K'_{max} = 21.76），即拱底处最危险；随着地应力增大，最小点变为墙脚处，其次为拱底，与数值模拟结果较为一致（详见 4.2.3 节），且墙脚、边墙和拱底处K' < 1，即这些衬砌点位处于危险状态，大概率会发生破坏，其中工况 M-5 安全性最小，其最小等效安全系数K'_{min} = 0.65。通过规律可知，当拱底存在砂化区域时，基底承载力下降，拱底和墙脚处接触压力较大，致使拱底和墙脚更易发生破坏。

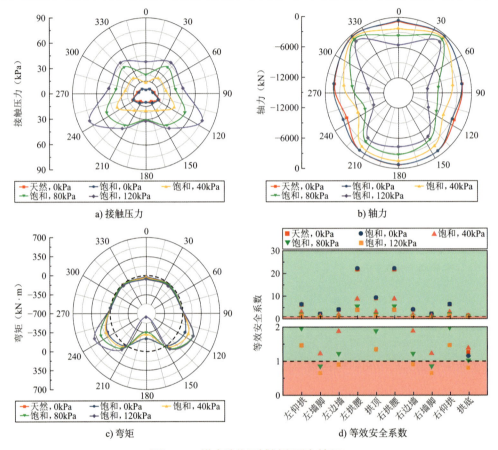

图 6-10 拱底砂化区域衬砌受力特征

（2）拱顶砂化区域

拱顶砂化区域衬砌受力特征如图 6-11 所示。衬砌与围岩接触压力最大值出现在墙脚处，最小值出现在拱底处；在无附加地应力下，较天然状态，饱和状态下拱腰接触压力提升最为明显，共提升 28.7%，其次是拱底提升 20.7%，其余点位变化较小，变化幅度在 10%以内；随着地应力增大，各测点接触压力均呈现增大趋势，最值点位未发生改变，但拱顶处压力增长较为迅速，工况 M-10 较 M-7 增加了近 6 倍。衬砌轴力整体受压，最大值出现在墙脚处，最小值出现在拱腰处；在无附加地应力下，较天然状态，饱和状态下右拱腰处轴力提升 16.5%，右仰拱处提升 16.4%，其余点位变化幅度较小；随着地应力增大，各测点轴力均呈现增大趋势，拱顶和墙脚轴力增长较为明显，拱腰处轴力提升幅度较小。衬砌弯矩除边墙和墙脚处外侧受拉外，其余点位均为内侧受拉，其中，墙脚处弯矩数值最大，拱底其次，仰拱处弯矩数值最小；在无附加地应力下，较天然状态，饱和状态下仰拱弯矩提升 22.8%，其余点位变化较小；随着地应力增大，仅墙脚和拱底处弯矩数值出现了明显增大，且边墙处逐渐开始内侧受拉。在无附加地应力下，衬砌墙脚处K'最小（$K'_{min}=3.00$），拱腰处K'最大（$K'_{max}=15.94$），即墙脚处最危险，与数值模拟结果较为一致（详见 4.2.3 节）；随着地应力增大，最值点位不变，边墙和墙脚处$K'<1$，即这些衬砌点位处于危险状态，大概率会发生破坏，其中工况 M-10 安全性最小，$K'_{min}=0.63$。通过规律可知，当拱顶存在砂化区域时，虽然墙脚处最危险，但由于拱顶围岩破碎较为松散，拱顶处K'下降明显，工况 M-10 中仅为 1.08。

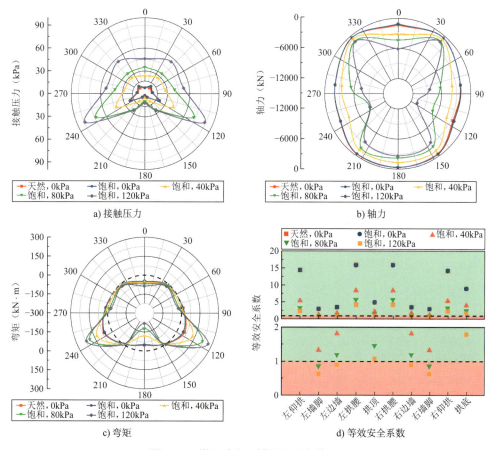

图 6-11 拱顶砂化区域衬砌受力特征

（3）全包砂化区域

全包砂化区域衬砌受力特征如图 6-12 所示。在无附加地应力下，衬砌与围岩接触压力最大值出现在墙脚处，最小值出现在拱顶处；在无附加地应力下，较天然状态，饱和状态下接触压力变化较小，变化幅度基本在 10% 以内；随着地应力增大，各测点接触压力均呈现增大趋势，接触压力最大点位不变，最小点位变为拱底处，拱顶处接触压力提升幅度最大，工况 M-15 较工况 M-12 提升了近 7 倍。衬砌轴力除拱底受拉外其余点位均受压，受压点位最大值出现在墙脚处，最小值出现在仰拱处；在无附加地应力下，较天然状态，饱和状态下拱底处轴力提升 48.3%，其余点位变化幅度较小；随着地应力增大，拱顶、边墙和墙脚处轴力增长明显，其余点位变化较小，拱底处基本无变化。衬砌弯矩除边墙和墙脚处外侧受拉外，其余点位均为内侧受拉，其中，拱底处弯矩数值最大，拱顶其次，拱腰处弯矩数值最小；在无附加地应力下，较天然状态，饱和状态下拱底处弯矩提升 24.4%，其余点位变化较小。在无附加地应力下，衬砌墙脚处 K' 最小（$K'_{min} = 1.55$），仰拱处最大（$K'_{max} = 17.69$），即墙脚处最危险；随着地应力增大，最值点位不变，与数值模拟结果较为一致（详见 4.2.3 节），边墙、墙脚和拱底处 $K' < 1$，即这些衬砌点位处于危险状态，大概率会发生破坏，其中，工况 M-15 安全性最小，$K'_{min} = 0.47$。通过规律可知，当为全包砂化区域时，隧道洞周围岩均处于失稳状态，而由于墙脚处衬砌形状发生突变，存在应力集中，更易发生破坏。

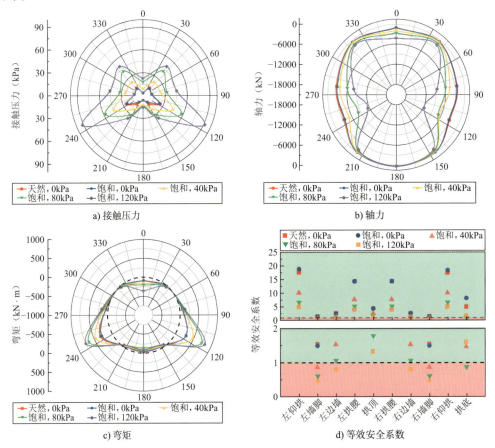

图 6-12　全包砂化区域衬砌受力特征

（4）边墙砂化区域

边墙砂化区域衬砌受力特征如图 6-13 所示。衬砌与围岩接触压力表现出不对称现象，整体右侧接触压力较大，但最大值出现在左墙脚处，最小值出现在拱顶处；在无附加地应力下，较天然状态，饱和状态下右墙脚接触压力提升 31.6%，其余点位变化较小，变化幅度在 15%以内；随着地应力增大，各测点接触压力均呈现增大趋势，最值点位未发生改变，左仰拱处压力提升最大，工况 M-20 较工况 M-17 提升了 9 倍以上。衬砌轴力整体受压，最大值出现在左墙脚处，最小值出现在右仰拱处；在无附加地应力下，较天然状态，饱和状态下左墙脚处轴力提升 58.7%，其余点位变化幅度较小；随着地应力增大，各测点轴力整体呈现增大趋势，除边墙和墙脚处轴力提升幅度较大外，其余点位轴力增长幅度较小。衬砌弯矩除边墙和墙脚处外侧受拉外，其余点位均为内侧受拉，其中，右墙脚处弯矩数值最大，左仰拱处弯矩数值最小；在无附加地应力下，较天然状态，饱和状态下左仰拱处弯矩提升 32.1%，其余点位变化较小；随着地应力增大，墙脚和拱底处弯矩数值出现了明显增大，左仰拱处弯矩逐渐开始外侧受拉。在无附加地应力下，衬砌右墙脚处 K' 最小（$K'_{\min} = 2.47$），右拱腰处最大（$K'_{\max} = 20.71$），即右墙脚处最危险；随着地应力增大，最值点位变成左墙脚，与数值模拟结果较为一致（详见 4.2.3 节），左右边墙、左右墙脚和右仰拱处 $K' < 1$，即这些衬砌点位处于危险状态，大概率会发生破坏，其中，工况 M-20 安全性最小，$K'_{\min} = 0.46$。通过规律可知，当右边墙处存在砂化区域时，衬砌受力不对称，导致隧道存在一定旋转趋势，且旋转支点位于左墙脚处，因而左墙脚处为最危险。

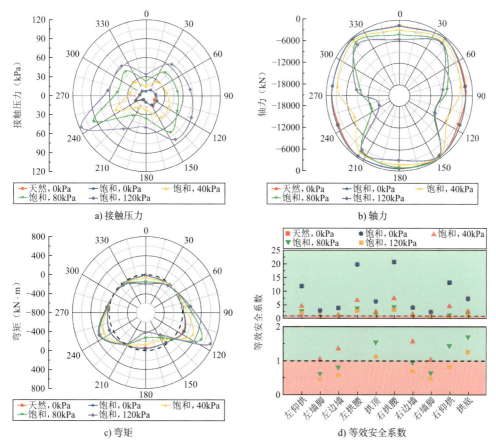

图 6-13 边墙砂化区域衬砌受力特征

6.2 多因素影响的砂化白云岩隧道衬砌受力特征

6.2.1 数值模型

垂直土方的方向为Z轴，隧道轴线方向为Y轴。为克服边界效应，根据圣维南原理，模型左右及下侧边界拓展至 5 倍洞径，最终确定数值模型尺寸为 144m（X轴）×110m（Z轴）×10m（Y轴），共60280 个单元，62566 个节点。

模拟时，对未砂化白云岩、砂化白云岩、初期支护、二次衬砌及排水结构进行建模，均采用实体单元。砂化白云岩共分四个区域，分别为拱底砂化区域、拱顶砂化区域、全包砂化区域和边墙砂化区域。围岩采用莫尔-库仑本构模型；初期支护及二次衬砌采用线弹性本构模型；排水结构包括初期支护与二次衬砌间的环向排水管及泄水孔，间距3.3m，通过将孔隙水压力固定为 0 来实现[63]。应力场边界条件设置为：模型上边界自由变形，侧面与底面位移固定为 0；围岩原始应力采用上覆荷载实现。渗流场边界条件设置为：模型上表面为透水边界，侧面与底面为不透水边界；二次衬砌及仰拱内壁孔隙水压力固定为 0，计算模型如图 6-14 所示。数值模型测点布设与模型试验相对应，取纵向 $Y = 5m$ 断面衬砌结构进行安全性分析，主要分析初期支护与围岩接触压力、二次衬砌内力（轴力、弯矩）及二次衬砌等效安全系数。

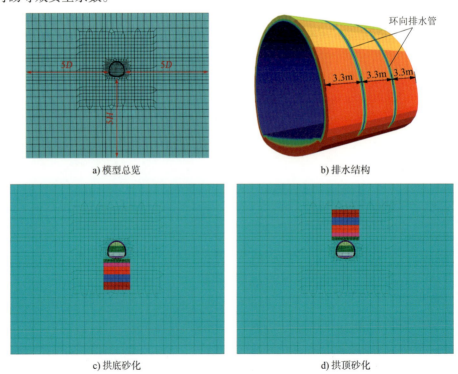

a) 模型总览 b) 排水结构

c) 拱底砂化 d) 拱顶砂化

图 6-14

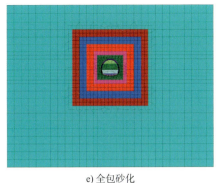
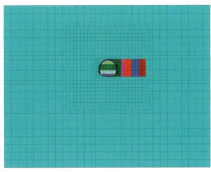

e) 全包砂化   f) 边墙砂化

图 6-14 计算模型

未砂化白云岩及不同含水率砂化白云岩的计算参数见表6-7、表6-8。其中，未砂化白云岩力学性质基于Hoek-brown强度准则，根据现场揭示情况，选取GSI = 15，并按式(6-12)～式(6-16)计算得出；未砂化白云岩孔隙率和渗透系数综合既有研究成果进行取值[37]；未砂化白云岩及砂化白云岩泊松比分别根据《铁路隧道设计规范》（TB 10003—2016）Ⅳ级和Ⅴ级围岩力学指标参数进行取值。

$$\sigma_1 = \sigma_3 + \sigma_c(m_b\sigma_3/\sigma_c + s)^a \tag{6-12}$$

$$m_b = m_i \exp\left(\frac{\text{GSI} - 100}{28 - 14D}\right) \tag{6-13}$$

$$m_i = \frac{(\sigma_1 - \sigma_3)^2 - \sigma_c^2}{\sigma_3 \sigma_c} \tag{6-14}$$

$$s = \exp\left(\frac{\text{GSI} - 100}{9 - 3D}\right) \tag{6-15}$$

$$a = \frac{1}{2} + \frac{1}{6}\left(e^{-\text{GSI}/15} - e^{-20/3}\right) \tag{6-16}$$

式中：m_b——岩体经验参数；

s——描述岩体的破碎程度；

a——针对不同岩体的量纲的经验参数；

m_i——均质岩块的经验参数；

GSI——地质强度指标；

D——爆破影响和应力释放的扰动参数，由于吉新隧道爆破控制效果良好，故选取 $D = 0$。

未砂化白云岩计算参数　　表 6-7

弹性模量（GPa）	泊松比	黏聚力（kPa）	内摩擦角（°）	密度（kg/m³）	孔隙率	渗透系数（cm/s）
1.645	0.35	825	41.06	2820	0.011	1.26×10^{-5}

不同含水率砂化白云岩计算参数　　表 6-8

含水率（%）	弹性模量（GPa）	泊松比	黏聚力（kPa）	内摩擦角（°）	密度（kg/m³）	孔隙率	渗透系数（cm/s）
2	0.066	0.45	105.18	29.2	2312	0.179	5.1×10^{-4}

续上表

含水率（%）	弹性模量（GPa）	泊松比	黏聚力（kPa）	内摩擦角（°）	密度（kg/m³）	孔隙率	渗透系数（cm/s）
4	0.066	0.45	90.15	28.4	2312	0.179	5.1×10^{-4}
6	0.066	0.45	76.26	25.1	2312	0.179	5.1×10^{-4}
8	0.066	0.45	36.06	22.4	2312	0.179	5.1×10^{-4}

衬砌结构计算参数取值方式如下：根据《铁路隧道设计规范》（TB 10003—2016）取混凝土弹性模量。根据《喷射混凝土应用技术规程》（JGJ/T 372—2016），在含水岩层喷射混凝土抗渗等级不低于P8。此外，根据《铁路隧道设计规范》（TB 10003—2016），地下水发育地段的隧道衬砌混凝土抗渗等级不应低于P10；因此，依据文献[85]分别取初期支护和二次衬砌的渗透系数，仰拱与初期支护取相同渗透系数。衬砌结构计算参数见表6-9。

衬砌结构计算参数　　表6-9

结构	弹性模量（GPa）	泊松比	密度（kg/m³）	渗透系数（cm/s）
初期支护	30	0.2	2400	2.61×10^{-9}
二次衬砌	32.5	0.2	2500	1.77×10^{-9}
仰拱填充	28	0.2	2300	2.61×10^{-9}

6.2.2　工况设计

影响砂化白云岩隧道衬砌承载力的因素众多，为了对衬砌受力情况进行较为全面的研究，结合砂化白云岩分布特征，本节对砂化区域、砂化厚度、砂化白云岩含水率、水头高度和地应力这5个因素进行分析。工况设置见表6-10～表6-13，以不同砂化区域工况作为基准工况，其中参数作为基准参数，其余工况组中除研究变量外，其他参数按基准参数选取，以砂化厚度工况为例，砂化白云岩含水率取为8%的饱和含水率，水头高度为60m，地应力为8MPa。

砂化厚度工况　　表6-10

砂化区域	砂化厚度			
	5m	10m	15m	20m
拱底	B-1	B-2	B-3	B-4
拱顶	B-5	B-6	B-7	B-8
全包	B-9	B-10	B-11	B-12
边墙	B-13	B-14	B-15	B-16

含水率工况　　表6-11

砂化区域	含水率			
	2%	4%	6%	8%
拱底	C-1	C-2	C-3	C-4
拱顶	C-5	C-6	C-7	C-8
全包	C-9	C-10	C-11	C-12

续上表

砂化区域	含水率			
	2%	4%	6%	8%
边墙	C-13	C-14	C-15	C-16

注：含水率工况水头高度设置为0m，即不考虑渗流作用。

水头高度工况 表 6-12

砂化区域	水头高度				
	0m	40m	60m	80m	100m
拱底	D-1	D-2	D-3	D-4	D-5
拱顶	D-6	D-7	D-8	D-9	D-10
全包	D-11	D-12	D-13	D-14	D-15
边墙	D-16	D-17	D-18	D-19	D-20

注：水头高度0m即不考虑渗流作用。

地应力工况 表 6-13

砂化区域	地应力			
	4MPa	8MPa	12MPa	16MPa
拱底	E-1	E-2	E-3	E-4
拱顶	E-5	E-6	E-7	E-8
全包	E-9	E-10	E-11	E-12
边墙	E-13	E-14	E-15	E-16

6.2.3 各因素对衬砌安全性影响

1）砂化厚度

（1）拱底砂化区域

拱底砂化时，不同砂化厚度下的衬砌受力特征如图 6-15 所示。由图 6-15 可知，最危险点位为拱底，不同厚度下的拱底等效安全系数 $K' < 1$，说明该点位均已经发生破坏；随着砂化厚度增大，最小等效安全系数 K'_{min} 略有增大，工况 B-4 较工况 B-1 提升 12.0%。究其原因，随着砂化厚度增大，基底围岩固结变形增大，隧道呈现下移趋势，拱底处衬砌与围岩间的接触压力得到一定释放缓解，衬砌安全性得到提高。

（2）拱顶砂化区域

拱顶砂化时，不同砂化厚度下的衬砌受力特征如图 6-16 所示。由图 6-16 可知，最危险点位为墙脚，其次为拱顶，不同厚度下仅墙脚处 $K' < 1$；随着砂化厚度增大，K'_{min} 略有增大，工况 B-8 较工况 B-5 仅提升 8.7%；然而拱顶处 K' 随着砂化厚度增大而逐渐减小，且趋于破坏，工况 B-8 较工况 B-5 减小 34.1%。究其原因，随着砂化厚度增大，拱顶上方围岩发生塑性破坏承载力下降，致使拱顶处衬砌受力增大，拱顶处安全性下降。

（3）全包砂化区域

全包砂化时，不同砂化厚度下的衬砌受力特征如图 6-17 所示。由图 6-17 可知，最危险点位为拱顶,除工况 B-9 外其余工况拱顶处$K' < 1$;随着砂化厚度增大,K'_{min}逐渐减小,工况 B-12 较工况 B-9 减小 50.8%。究其原因,当全包砂化区域厚度增加时,砂化区域面积提升速率较其他局部砂化区域更大,且洞周围岩稳定性极差,大面积的围岩塑性破坏致使围岩对衬砌结构接触压力增大,衬砌内力也相应增大,故结构安全性逐渐下降。

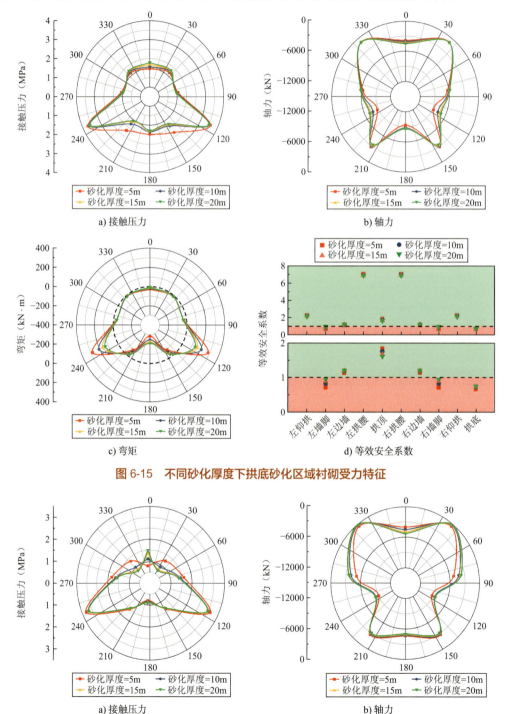

图 6-15 不同砂化厚度下拱底砂化区域衬砌受力特征

图 6-16

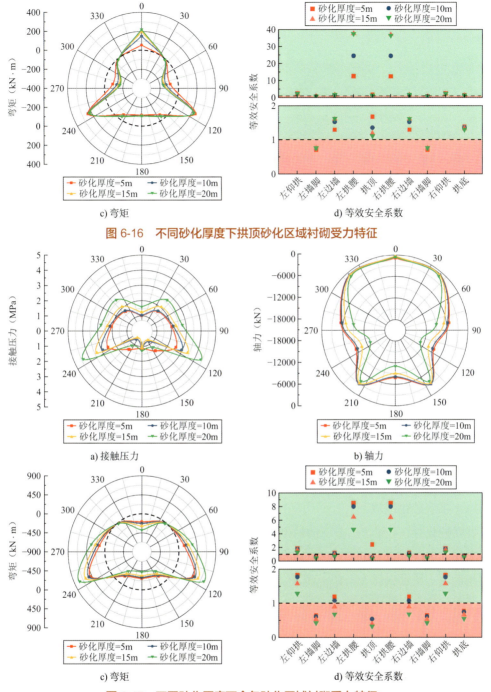

c) 弯矩　　　　　　　　　　d) 等效安全系数

图 6-16　不同砂化厚度下拱顶砂化区域衬砌受力特征

a) 接触压力　　　　　　　　b) 轴力

c) 弯矩　　　　　　　　　　d) 等效安全系数

图 6-17　不同砂化厚度下全包砂化区域衬砌受力特征

（4）边墙砂化区域

边墙砂化时，不同砂化厚度下的衬砌受力特征如图 6-18 所示。由图 6-18 可知，最危险点位为左墙脚，不同厚度下左墙脚处均有 $K' < 1$；随着砂化厚度增大，$K'_{\min}$ 逐渐减小，工况 B-16 较工况 B-13 减小 17.4%。究其原因，随着边墙砂化厚度增大，非对称受力作用逐渐增强，导致接触压力逐渐增大，结构安全性进一步降低。

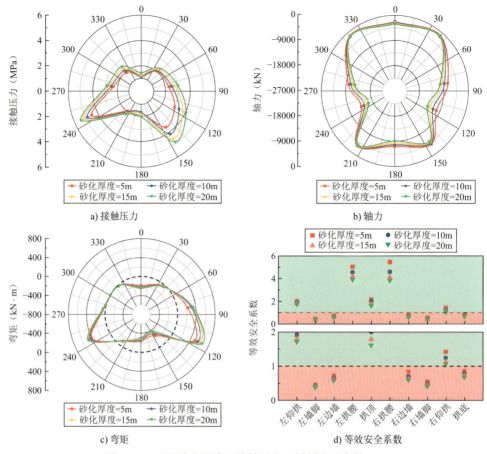

图 6-18 不同砂化厚度下边墙砂化区域衬砌受力特征

2）含水率

（1）拱底砂化区域

拱底砂化时，不同含水率下的衬砌受力特征如图 6-19 所示。由图 6-19 可知，所有点位的二次衬砌等效安全系数 $K' \geqslant 1$，即结构处于安全状态；二次衬砌最小等效安全系数 K'_{min} 点位为拱底；含水率越大，K'_{min} 越小，工况 C-4 较工况 C-1 减小 17.2%。究其原因，拱底存在砂化区域时，基底承载力下降，导致拱底处接触压力增大，衬砌内力相应增大；随着含水率增大，砂化白云岩力学性质逐渐下降，致使围岩承载力降低，围岩与衬砌接触压力增大，导致衬砌受力增大，衬砌安全性下降。

（2）拱顶砂化区域

拱顶砂化时，不同含水率下的衬砌受力特征如图 6-20 所示。由图 6-20 可知，所有点位的二次衬砌等效安全系数 $K' \geqslant 1$，即结构处于安全状态；二次衬砌最小等效安全系数 K'_{min} 点位为墙脚；含水率越大，K'_{min} 越小，工况 C-8 较工况 C-5 减小 23.3%。究其原因，在无渗流时，虽然拱顶存在砂化区域，但由于砂化区域占比较小，围岩稳定性尚好，不会发生过大塑性变形，因而拱顶处衬砌结构受力仍然较小，而墙脚位于衬砌形状突变处，存在应力集中，故最为危险；随着含水率增大，围岩承载力降低，衬砌受力增大，最终导致 K'_{min} 减小。

（3）全包砂化区域

全包砂化时，不同含水率下的衬砌受力特征如图 6-21 所示。由图 6-21 可知，所有点位的二次衬砌等效安全系数$K' \geqslant 1$，即结构处于安全状态；二次衬砌最小等效安全系数K'_{min}点位为拱底；含水率越大，K'_{min}越小，工况 C-12 较工况 C-9 减小 27.1%。究其原因，全包砂化下，隧道洞周围岩承载能力较低，其中，基底承载力的削弱对结构安全性影响最大，致使拱底处安全性最低；随着含水率增大，围岩承载力进一步降低，衬砌受力相应增大，最终导致K'_{min}减小。

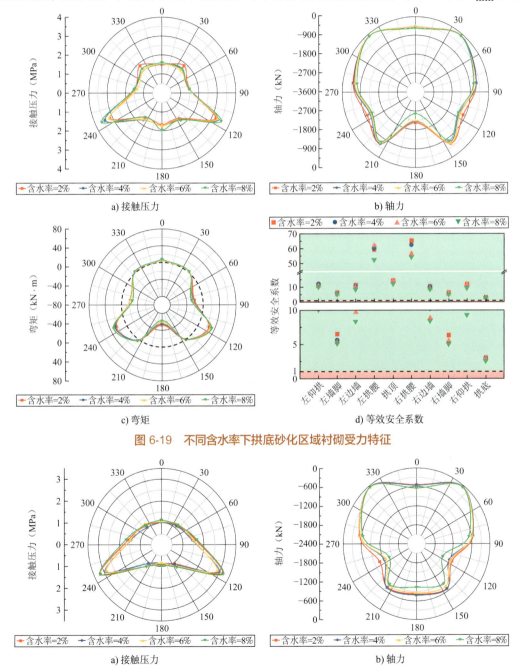

图 6-19 不同含水率下拱底砂化区域衬砌受力特征

图 6-20

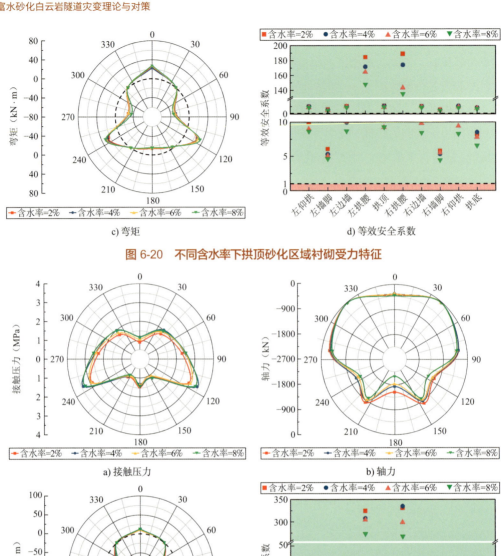

c) 弯矩　　　　　　　　　　d) 等效安全系数

图 6-20　不同含水率下拱顶砂化区域衬砌受力特征

a) 接触压力　　　　　　　　b) 轴力

c) 弯矩　　　　　　　　　　d) 等效安全系数

图 6-21　不同含水率下全包砂化区域衬砌受力特征

（4）边墙砂化区域

边墙砂化时，不同含水率下的衬砌受力特征如图 6-22 所示。由图 6-22 可知，所有点位的二次衬砌等效安全系数 $K' \geqslant 1$，即结构处于安全状态；二次衬砌最小等效安全系数 K'_{min} 点位为左墙脚；含水率越大，K'_{min} 越小，工况 C-16 较工况 C-13 减小 20.5.%。究其原因，右边墙砂化时，由于非对称受力导致隧道存在一定旋转趋势，且支点位于左墙脚附近，再加上衬砌形状突变，导致左墙脚处接触压力最大，安全性最低；随着含水率增大，围岩力学性质减弱，衬砌受力增大，导致$K'_{\min}$减小。

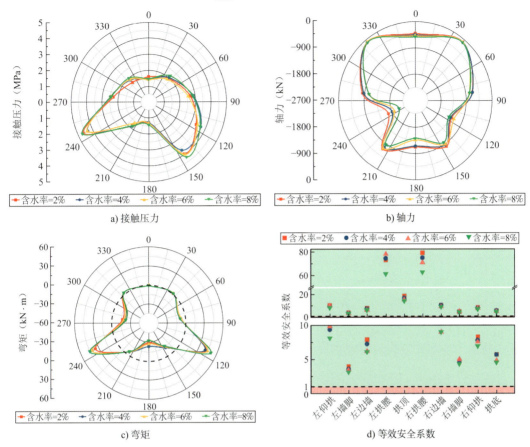

图 6-22　不同含水率下边墙砂化区域衬砌受力特征

3）水头高度

（1）拱底砂化区域

拱底砂化时，不同水头高度下的衬砌受力特征如图 6-23 所示。由图 6-23 可知，不论是否存在渗流作用，拱底砂化时最小等效安全系数$K'_{\min}$点位均为拱底；相较于无渗流作用（工况 D-1），渗流作用下（工况 D-2～D-5）衬砌结构安全性大幅度降低，工况 D-2 的$K'_{\min}$较工况 D-1 减小 71.5%，仅为 0.72，已经失效破坏；而随着水头增大，$K'_{\min}$略有增大，工况 D-5 的$K'_{\min}$较工况 D-2 仅提升 1.7%。究其原因，当隧道周边围岩存在地下水或经历降雨后，围岩孔隙内出现渗流作用，一方面，会进一步加剧围岩砂化程度，颗粒流失导致孔隙率、渗透系数等发生改变，使围岩力学性质进一步弱化，另一方面，会改变围岩有效应力，发生固结变形，从而使隧道结构受力增大，结构安全性急剧下降。对于拱底砂化区域，拱底处围岩固结变形增大，基底承载力显著下降，致使衬砌安全性急剧下降。随着水头高度增加，衬砌安全性并未进一步下降，一方面，是因为水头高度所附加的应力较小，对衬砌安全性的削减主要体现在渗流作用上；另一方面，适当的水压作用可使隧道三向受压更加均匀，隧道更不容易发生破坏。

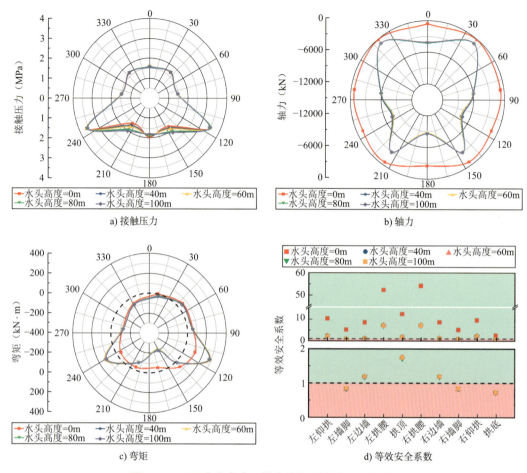

图 6-23　不同水头高度下拱底砂化区域衬砌受力特征

（2）拱顶砂化区域

拱顶砂化时，不同水头高度下的衬砌受力特征如图 6-24 所示。由图 6-24 可知，不论是否存在渗流作用，拱底砂化时最小等效安全系数 K'_{min} 点位均为墙脚；相较于无渗流作用（工况 D-6），渗流作用下（工况 D-7～D-10）衬砌结构安全性大幅度降低，工况 D-7 的 K'_{min} 较工况 D-6 减小 83.1%，仅为 0.73，已经失效破坏；而随着水头增大，K'_{min} 略有增大，工况 D-10 的 K'_{min} 较工况 D-7 仅提升 4.4%。在渗流作用下，拱顶砂化区域并未全部发生失稳，尚能维持一定稳定性，且隧道下方也存在塑性变形，其对结构影响也较大，因而尽管拱顶处二次衬砌内力增大较多，K'_{min} 仍为墙脚；不过相较于工况 D-6，工况 D-7 拱顶处等效安全系数 K' 降低幅度极大，减小 85.0%，说明渗流作用下拱顶处的安全性急剧下降。

（3）全包砂化区域

全包砂化时，不同水头高度下的衬砌受力特征如图 6-25 所示。由图 6-25 可知，在无渗流作用时，衬砌拱底处受力最大，而存在渗流作用时，墙脚处受力增大幅度略大于拱底，导致了 K'_{min} 点位的转变；对于拱顶处的 K'_{min} 点位，主要是因为拱顶轴力处于由受拉转变为受压的临界点,致使偏心距增大,K' 急剧下降。相较于无渗流作用(工况 D-11),渗流作用下(工况 D-12~D-15)衬砌结构安全性大幅度降低,工况 D-12 的 K'_{min} 较工况 D-11 减小 81.8%,仅为 0.58,已经失效破坏。

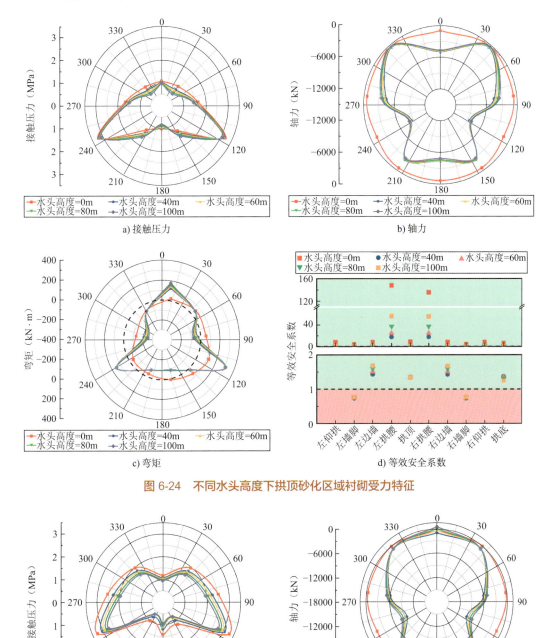

图 6-24 不同水头高度下拱顶砂化区域衬砌受力特征

图 6-25

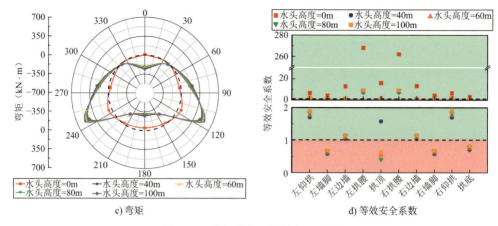

c) 弯矩　　　　　　　　　　　d) 等效安全系数

图 6-25　全包砂化区域衬砌受力特征

（4）边墙砂化区域

边墙砂化时，不同水头高度下的衬砌受力特征如图 6-26 所示。由图 6-26 可知，不论是否存在渗流作用，拱底砂化时最小等效安全系数 $K'_{\min}$ 点位均为左墙脚；相较于无渗流作用（工况 D-16），渗流作用下（工况 D-17～D-20）衬砌结构安全性大幅度降低，工况 D-17 的 $K'_{\min}$ 较工况 D-16 减小 86.9%，仅为 0.44，已经失效破坏；而随着水头增大，$K'_{\min}$ 略有减小，工况 D-20 的 $K'_{\min}$ 较工况 D-17 仅减小 5.5%。究其原因，非对称受力和渗流作用下，隧道左下方也发生了塑性破坏，致使左墙脚处受力最大；随着水头增大，不对称的水压分布进一步加剧了围岩失稳破坏。

4）地应力

（1）拱底砂化区域

拱底砂化时，不同地应力下的衬砌受力特征如图 6-27 所示。由图 6-27 可知，最危险点位为拱底，其次是墙脚。随着地应力增大，所有点位的初期支护与围岩接触压力均逐渐增大，二次衬砌内力相应增大，致使结构安全性逐渐下降。当地应力为 4MPa 时（工况 E-1），衬砌各点位均处于安全状态；而当地应力达到 16MPa 时（工况 E-4），除拱腰和仰拱外，其余点位均已失效，最小安全系数 $K'_{\min}$ 为 0.416，较工况 E-1 减小 63.6%。

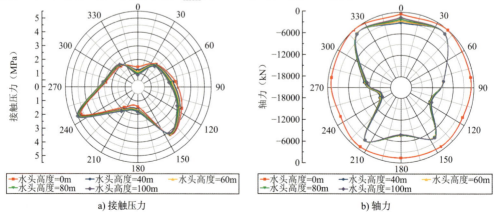

a) 接触压力　　　　　　　　　　b) 轴力

图　6-26

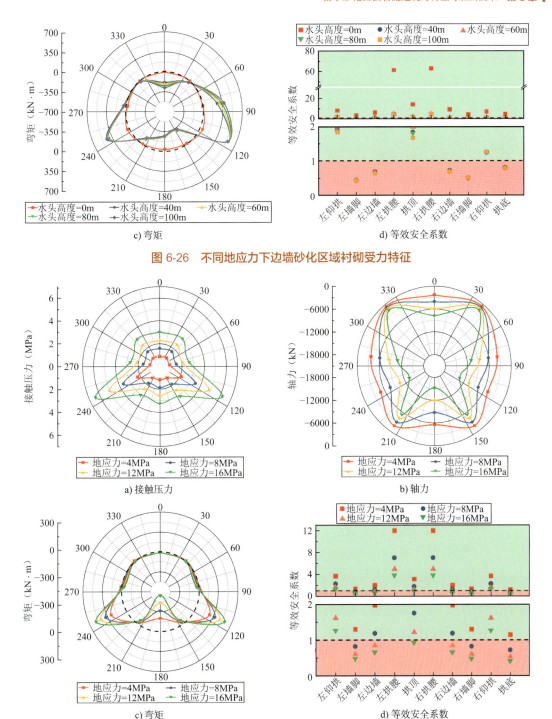

图 6-26　不同地应力下边墙砂化区域衬砌受力特征

图 6-27　不同地应力下拱底砂化区域衬砌受力特征

（2）拱顶砂化区域

拱顶砂化时，不同地应力下的衬砌受力特征如图 6-28 所示。由图 6-28 可知，最危险点位为墙脚，其次是拱顶。随着地应力增大，所有点位的初期支护与围岩接触压力均逐渐增大，二次衬砌内力相应增大，致使结构安全性逐渐下降。当地应力为 4MPa 时（工况 E-5），衬砌各点位均处于安全状态；而当地应力达到 16MPa 时（工况 E-8），除拱腰和仰拱外，其余点位均已失效，最小安全系数 K'_{min} 为 0.395，较工况 E-5 减小 70.2%。

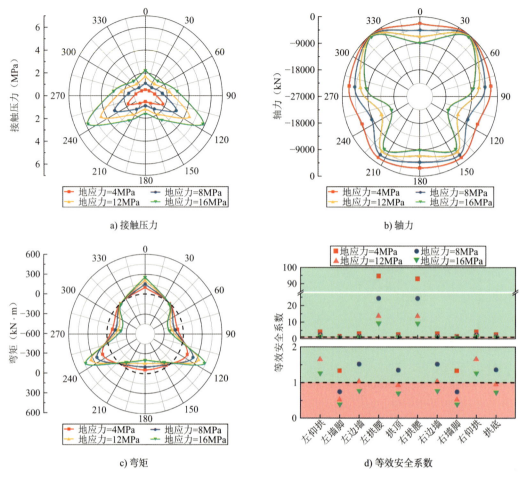

图 6-28 不同地应力下拱顶砂化区域衬砌受力特征

（3）全包砂化区域

全包砂化时，不同地应力下的衬砌受力特征如图 6-29 所示。由图 6-29 可知，除工况 E-10 外，其余工况最危险点位为墙脚，其次是拱底；而工况 E-10 最危险点位为拱顶，其次是墙脚，主要是因为衬砌轴力处于由受拉转变为受压的临界点，致使偏心距增大，导致拱顶安全性下降。整体而言，随着地应力增大，所有点位的初期支护与围岩接触压力均逐渐增大，二次衬砌内力相应增大，致使结构安全性逐渐下降。当地应力为 4MPa 时（工况 E-9），衬砌各点位均处于安全状态；而当地应力达到 16MPa 时（工况 E-12），除拱顶和拱腰外，其余点位均已失效，最小安全系数 K'_{min} 为 0.325，较工况 E-9 减小 70.3%。

（4）边墙砂化区域

边墙砂化时，不同地应力下的衬砌受力特征如图 6-30 所示。由图 6-30 可知，最危险点位为左墙脚，其次是右墙脚。随着地应力增大，所有点位的初期支护与围岩接触压力均逐渐增大，二次衬砌内力相应增大，致使结构安全性逐渐下降。当地应力为 4MPa 时（工况 E-13），衬砌仅左右墙脚处发生破坏；而当地应力达到 16MPa 时（工况 E-16），除左右拱腰及左仰拱外，其余点位均已失效，最小安全系数 K'_{min} 为 0.235，较工况 E-13 减小 67.9%。

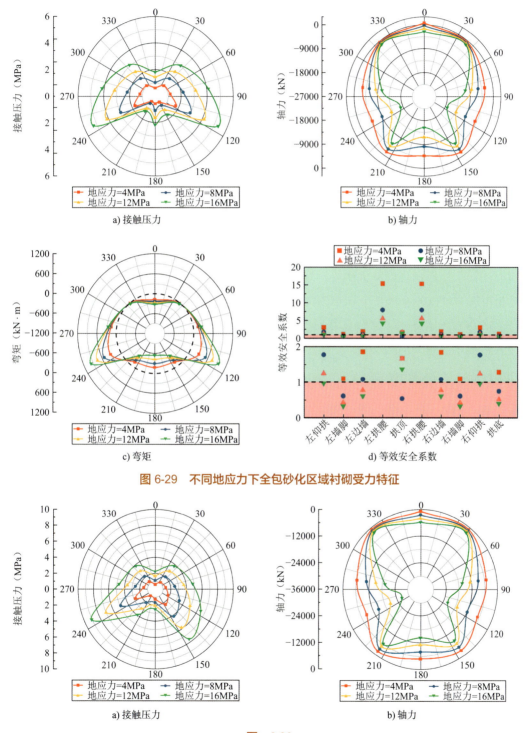

图 6-29　不同地应力下全包砂化区域衬砌受力特征

图　6-30

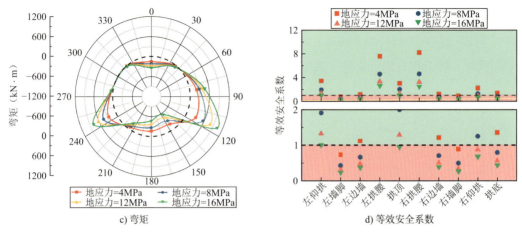

c) 弯矩   d) 等效安全系数

图 6-30　不同地应力下边墙砂化区域衬砌受力特征

6.2.4　衬砌损伤破坏机制

选取不同砂化厚度、含水率、水头高度和地应力下二次衬砌的最小等效安全系数绘制成曲线，如图 6-31 所示，最小等效安全系数 K'_{min} 对应点位汇总见表 6-14。整体而言，各因素对衬砌安全性影响程度从大到小排序为：水头高度 > 地应力 > 砂化厚度 > 含水率。不同砂化区域下衬砌安全性从大到小排序为：拱顶砂化 > 拱底砂化 > 全包砂化 > 边墙砂化。不论是否存在渗流作用，拱底砂化时最小等效安全系数 K'_{min} 点位均为拱底，拱顶砂化时 K'_{min} 点位均为墙脚，边墙砂化时 K'_{min} 点位均为左墙脚；而全包砂化时，若无渗流作用，K'_{min} 点位为拱底，若有渗流作用，K'_{min} 点位为拱顶或墙脚。

最小等效安全系数点位　　　　　　　　　　　　　　　　　　表 6-14

砂化区域	工况	点位	工况	点位	工况	点位	工况	点位	工况	点位
拱底砂化	B1	拱底	C1	拱底	D2	拱底	E1	拱底		
	B2	拱底	C2	拱底	D3	拱底	E2	拱底		
	B3	拱底	C3	拱底	D4	拱底	E3	拱底		
	B4	拱底	C4	拱底	D5	拱底	E4	拱底		
拱顶砂化	B5	右墙脚	C5	左墙脚	D7	右墙脚	E5	右墙脚		
	B6	右墙脚	C6	左墙脚	D8	右墙脚	E6	右墙脚		
	B7	右墙脚	C7	左墙脚	D9	右墙脚	E7	右墙脚		
	B8	右墙脚	C8	左墙脚	D10	右墙脚	E8	左墙脚		
全包砂化	B9	右墙脚	C9	拱底	D12	左墙脚	E9	左墙脚		
	B10	拱顶*	C10	拱底	D13	拱顶*	E10	拱顶*		
	B11	拱顶*	C11	拱底	D14	拱顶*	E11	右墙脚		

续上表

砂化区域	工况	点位	工况	点位	工况	点位	工况	点位
全包砂化	B12	拱顶*	C12	拱底	D15	拱顶*	E12	左墙脚
边墙砂化	B13	左墙脚	C13	左墙脚	D17	左墙脚	E13	左墙脚
	B14	左墙脚	C14	左墙脚	D18	左墙脚	E14	左墙脚
	B15	左墙脚	C15	左墙脚	D19	左墙脚	E15	左墙脚
	B16	左墙脚	C16	左墙脚	D20	左墙脚	E16	左墙脚

注：*表示衬砌安全性受拉控制，未标注则为受压控制。

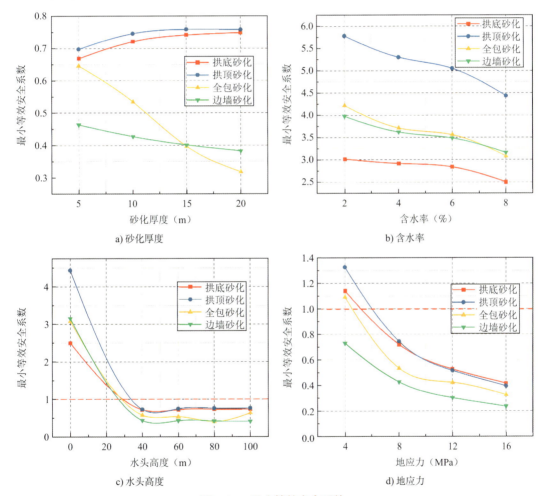

图 6-31 最小等效安全系数

砂化区域主要影响衬砌受力分布，不同的砂化区域将导致不同点位安全性的降低。拱底砂化时，基底承载力降低，拱底附近围岩塑性变形增大，对衬砌挤压应力增大，因而最危险点位位于拱底；拱顶砂化时，虽然拱顶围岩稳定性较差致使拱顶等效安全系数 K' 急剧下降，但拱顶还较为安全；全包砂化时，围岩整体稳定性急剧下降，基本所有点位安全性都发生了一定下降，无渗流时拱底处最为危险，而渗流作用下墙脚最为危险。然而，地应力为 8MPa 时，隧道处于临界埋深，此时拱顶处轴力处于受拉转变为受压的临界点，导致偏心距较大，结构安全性急剧下降；边墙砂化时，边墙稳定性较差，且由于非对称受力作用致使隧道左下方围岩稳定性进一步下降，造成左墙脚处 K' 最小，最易发生失效破坏。因此，对于实际工程，应根据地质探测确定砂化白云岩的分布特征，而后根据砂化区域分布，重点加强对应点位的土压力、衬砌内力及变形等指标监测，以预防衬砌结构局部失稳，进而导致衬砌整体失效破坏。

砂化厚度主要反映砂化区域的面积。一般而言，随着砂化区域厚度增大，相应区域的围岩整体承载力下降，导致塑性区逐渐增大，围岩挤压作用增强，从而加大衬砌受力，结构安全性下降。

地下水位较低时，砂化白云岩的含水率是影响衬砌结构失效的主要因素。含水率越大，颗粒之间胶结作用越弱，围岩力学性质越差；此外，较高的含水率一定程度上会加剧白云石的溶解，提升岩体孔隙率，导致进一步弱化。

水头高度主要反映的是隧址区的地下水位及降雨量。当地下水位较高或发生降雨后会发生渗流作用，白云石逐渐溶于水中并发生迁移，加剧了白云岩砂化程度，弱化了围岩力学性质，并增大孔隙率及渗透系数，进一步加剧渗流作用，如此循环中，围岩承载力逐渐下降。其次，孔隙水压力的变化会引发围岩有效应力改变，导致围岩发生固结沉降，围岩变形增大后衬砌与围岩接触压力将增大，衬砌内力相应增大，造成衬砌安全性下降。此外，较大的水头也会导致衬砌背后水压增大，但水压一定程度上可以改善三向受力状态，有利于结构稳定。

地应力也是导致隧道衬砌失效的重要因素。较大的埋深或者特殊地质构造（褶皱、断层等）都会导致较大的地应力。地应力对衬砌安全性的影响主要体现在两方面：一方面，过大的地应力会导致围岩失稳变形，衬砌受力增大；另一方面，围岩破碎程度加剧，岩体裂隙增多，水流通道增多，白云岩进一步砂化，导致围岩承载力进一步下降。

砂化白云岩隧道衬砌损伤破坏机制如图 6-32 所示。当地下水位较低时，衬砌安全性主要受砂化区域分布、砂化厚度、含水率和地应力影响。当围岩中存在砂化区域时，相应点位围岩变形挤压应力增大，衬砌受力相应增大；随着砂化厚度增大，围岩稳定性逐渐下降；而不同含水率下的围岩力学性质不同，含水率越大，性质越差；埋深较大或存在地质作用时，地应力较大，衬砌受荷增大，岩体也会出现裂隙，趋于松散破碎的状态，致使围岩承载力下降，并为地下水的流通提供了路径；在多因素综合作用下，衬砌危险点位 K' 逐渐下降，趋于破坏。当地下水位得到补充上升（降雨）时，岩体内发生渗流作用，围岩有效应力发生变化，引发固结沉降；渗流过程中，白云石逐渐溶解于水中，岩体孔隙率逐渐增大，渗透系数提高，进一步加快了渗流速率，而岩体裂隙进一步增多，承载能力相应下降。随着时间流逝，砂化区域面积向外扩展，并出现了新的砂化区域，致使结构受力发生变化，危险点位逐渐增多，衬砌安全性进一步下降，最终导致衬砌发生失效破坏。

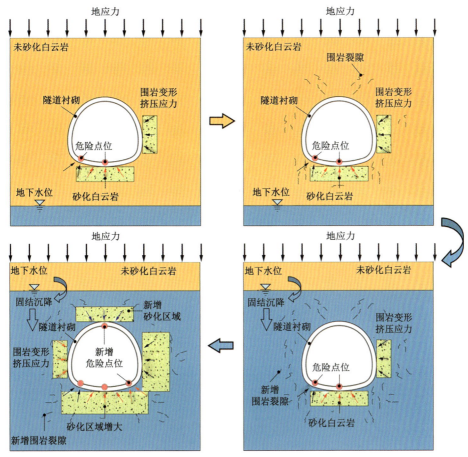

图 6-32　衬砌损伤破坏机制

6.3　富水砂化白云岩隧道洞周加固技术研究

6.3.1　加固技术选取

根据前文研究，较未砂化白云岩，砂化白云岩力学性质明显弱化，且渗流作用对富水砂化白云岩隧道衬砌结构安全性影响显著，因此加固技术应能够提高砂化白云岩区域的围岩承载力，并抑制砂化区域的渗流作用。结合既有工程经验和研究[72-73]，注浆措施较为适合砂化白云岩隧道加固处理，其既能够截断砂化白云岩裂隙中的水流通道，也能够提高砂化白云岩的承载能力，从而改善衬砌结构的受力，提高结构安全性。因此，本章选用注浆方式对富水砂化白云岩隧道进行加固，并针对不同砂化区域的富水白云岩隧道加固效果进行分析。注浆方式按照注浆区域可分为全断面注浆和局部注浆，对于全包砂化区域，可采用全断面注浆方式，而对于拱底、拱顶和边墙处的砂化区域，可采用局部注浆的方式以节省成本及缩短工期。

6.3.2 注浆加固模型

(1) 计算模型及参数选取

本节数值模拟采用 FLAC3D 进行建模,不同砂化区域下的注浆加固模型如图 6-33 所示。注浆圈采用莫尔-库仑本构模型;根据文献调研[74-75],通过注浆加固,围岩弹性模量可提升 30%以上,黏聚力和内摩擦角可提高 20%~30%,而渗透系数可降低至原先的 0.1%~0.5%,参数选取见表 6-15。白云岩地层及衬砌结构本构模型及参数选取同第 4 章。

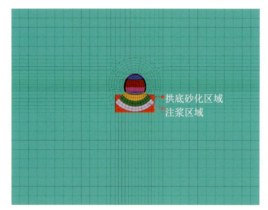

a) 拱底砂化　　　　　　　　　　b) 拱顶砂化

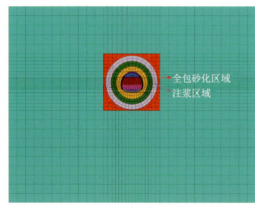 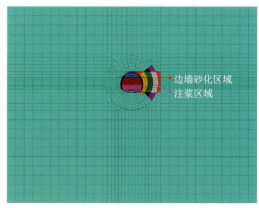

c) 全包砂化　　　　　　　　　　d) 边墙砂化

图 6-33　注浆加固模型

注浆圈计算参数　　　　　　　　　　表 6-15

弹性模量(GPa)	泊松比	黏聚力(kPa)	内摩擦角(°)	密度(kg/m³)	渗透系数(cm/s)
0.099	0.45	46.88	29.1	2500	1.02×10^{-6}

(2) 计算工况

根据吉新隧道现场情况,本次数值模拟选取基准工况 A-2~A-5 进行分析,以注浆厚度为变量探究注浆加固效果。根据工程经验,隧道注浆加固范围一般为开挖轮廓线外(0.5~1.0)D,结合具体工程情况,数值模拟试验选取 0m、3m、6m 和 9m 共 4 种注浆厚度进行对比分析,其中 0m 注浆厚度即为未注浆的基准工况,具体工况见表 6-16。

注浆加固工况　　　　　　　　　　表 6-16

砂化区域	注浆厚度			
	0m	3m	6m	9m
拱底	G-1	G-2	G-3	G-4
拱顶	G-5	G-6	G-7	G-8
全包	G-9	G-10	G-11	G-12
边墙	G-13	G-14	G-15	G-16

6.3.3 注浆加固效果分析

（1）拱底砂化区域

拱底砂化区域进行注浆加固后围岩孔隙水压力如图 6-34 所示。由图 6-34 可知，注浆加固后，围岩渗流场整体变化不大，仍能形成降水漏斗。究其原因，主要是注浆区域渗透系数比未砂化白云岩渗透系数小，在拱底进行注浆加固后拱底处孔隙水流无法及时排出，但更多水流直接排向墙脚处泄水孔，排出路径相对缩短，导致拱底处孔隙水压力略有增大（工况 G-1 为 585kPa，G-4 为 590kPa），而其余点位水压略有减小，变化幅度均不足 3%。

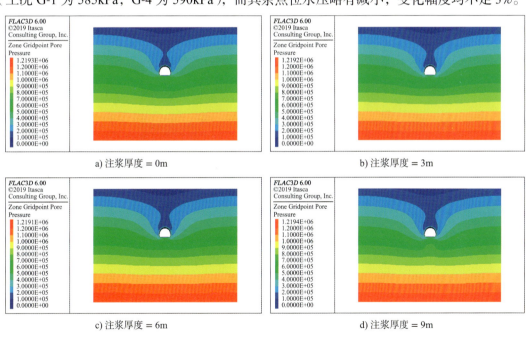

图 6-34　围岩孔隙水压力（单位：Pa）

拱底砂化时，不同注浆厚度下的二次衬砌轴力和弯矩如图 6-35a）和图 6-35b）所示。注浆加固后，拱底处围岩力学性质有所提高，承载能力得到一定提升，使得二次衬砌结构受力减小，提升了二次衬砌安全性。其中，轴力除拱腰外，其余点位均大幅度减小，尤其是拱顶、墙脚和拱底处，轴力量值最大折减量可达 75%；而弯矩除墙脚和拱底处显著减小外其余点位变化幅度较小，弯矩量值最大折减量可达 60%。拱底砂化时，不同注浆厚度下的二次衬砌等效安全系数如图 6-35c) 所示。由图 6-35c) 可知，注浆加固后，衬砌结构各点位安全性都得到了一定提升，没有点位处于失效破坏状态。在注浆加固厚度为 0m，即未进行加固时，最危险点位位于拱底，最小等效安全系数 K'_{min} 仅为 0.72；进行注浆加固后，最危险点位仍位于拱底，但 K'_{min} 提高了 4 倍以上，注浆厚度为 3m、6m 和 9m 时的 K'_{min} 分别是 3.01、3.49 和 3.73。不同注浆加固厚度下衬砌结构安全性仅拱腰和边墙有较大差异性，其余点位差异较小，且均满足衬砌安全性要求，说明注浆厚度无需过大即可满足衬砌结构安全性，选择合适的注浆厚度可显著降低现场注浆难度并节省施工工期。

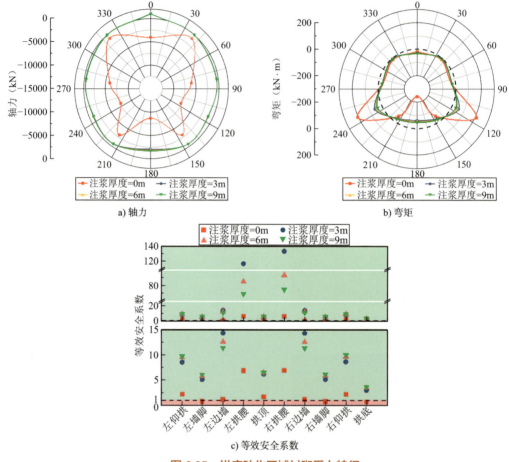

图 6-35 拱底砂化区域衬砌受力特征

（2）拱顶砂化区域

对拱顶砂化区域进行注浆加固后围岩孔隙水压力如图 6-36 所示。由图 6-36 可知，相较于未注浆，在拱顶进行注浆后围岩渗流场发生了较大改变，未能形成明显的降水漏斗，而不同注浆厚度下渗流场变化较小。由于注浆圈渗透系数较小，拱顶进行注浆加固后，大部分水流只能绕过加固区域后通过环向排水管排出，致使拱顶处水压增大，而边墙和拱腰处水压相对较小。

拱顶砂化时，不同注浆厚度下的二次衬砌轴力和弯矩如图 6-37a) 和图 6-37b) 所示。由图 6-37 可知，注浆加固后，拱顶处围岩稳定性得到了明显提升，使得二次衬砌结构受力减小,提升了二次衬砌安全性。其中,轴力除拱腰外,其余点位都有较大幅度的减小,尤其是拱顶和墙脚处,轴力量值最大折减量可达 65%;而弯矩除拱腰和仰拱外,其余点位都有较大幅度的减小,尤其是拱顶和墙脚处,弯矩量值最大折减量可达 50%。拱顶砂化时,不同注浆厚度下的二次衬砌等效安全系数如图 6-37c)所示。由图可知,经注浆加固后,衬砌结构各点位安全性都得到了一定提升,没有点位处于失效破坏状态。在未加固时,最危险点位位于墙脚,最小等效安全系数 K'_{min} 仅为 0.75;进行注浆加固后,加固厚度为 3m 和 6m 时最危险点位为拱底,注浆厚度为 9m 时为墙脚,但 K'_{min} 均提高了 5 倍以上,注浆厚度为 3m、6m 和 9m 时的 K'_{min} 分别是 4.54、4.55 和 4.18。不同注浆加固厚度下衬砌结构安全性仅拱腰处有较大差异性,其余点位差异较小,且均满足衬砌安全性要求,说明拱顶砂化时注浆厚度无需过大,选择合适的注浆厚度即可。

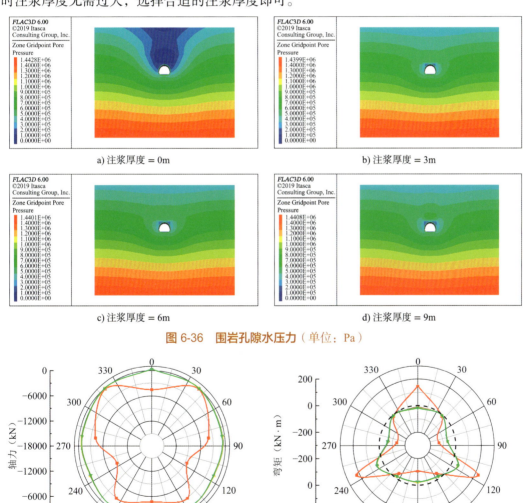

图 6-36 围岩孔隙水压力(单位:Pa)

图 6-37

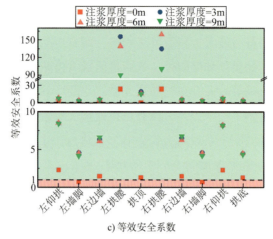

c) 等效安全系数

图 6-37 拱顶砂化区域衬砌受力特征

（3）全包砂化区域

对全包砂化区域进行注浆加固后围岩孔隙水压力如图 6-38 所示。由图 6-38 可知，相较于未注浆，进行全断面注浆后围岩渗流场发生了较大改变，未能形成降水漏斗，而不同注浆厚度下渗流场变化较小。究其原因，主要是注浆圈渗透系数比未砂化白云岩渗透系数小，进行全断面注浆加固后，水流流动受限，排出速率大大降低，致使隧道开挖后围岩水压较开挖前水压变化不大，仅隧道洞周处水压略有降低。

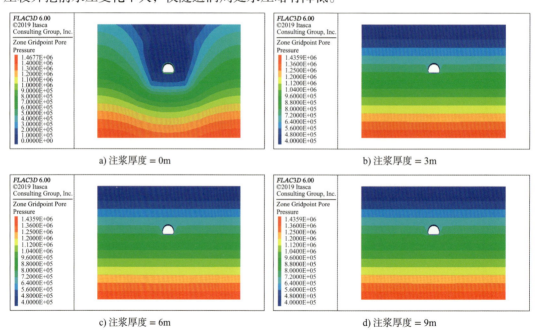

图 6-38 围岩孔隙水压力（单位：Pa）

全包砂化时，不同注浆厚度下的二次衬砌轴力和弯矩如图 6-39a）和图 6-39b）所示。全断面注浆后，隧道洞周围岩稳定性得到了明显提升，使得二次衬砌结构受力减小，提高了二次衬砌安全性。其中，轴力除拱顶和拱腰外，其余点位都有较大幅度的减小，尤其是墙脚和拱底处，轴力量值最大折减量可达 55%；而弯矩除拱腰外，其余点位都有较大幅度的减小，尤其是墙脚处，弯矩量值最大折减量可达 55%。全包砂化时，不同注浆厚度下的二次衬砌等效安全系数如图 6-39c）所示。由图可知，经注浆加固后，衬砌结构各点位安全性都得到了一定提升，所有点位处于安全状态。在未加固时，最危险点位位于拱顶，最小等效安全系数 K'_{min} 仅为 0.53；进行注浆加固后，加固厚度为 3m 和 6m 时最危险点位仍为拱顶，注浆厚度为 9m 时为拱底，K'_{min} 均提高了 3 倍以上，注浆厚度为 3m、6m 和 9m 时的 K'_{min} 分别是 1.62、1.60 和 2.07。在注浆厚度达到 9m 时，拱顶、拱腰和边墙处的等效安全系数有较大提升，但 K'_{min} 也只有 2.07，因此不能只顾增大注浆厚度，应结合其他措施对隧道进行加固处理。

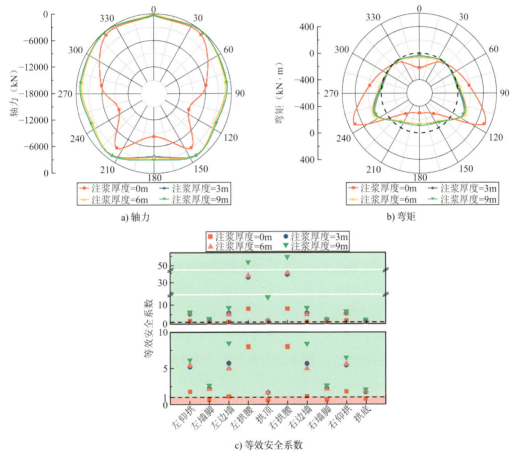

图 6-39 全包砂化区域衬砌受力特征

（4）边墙砂化区域

对边墙砂化区域进行注浆加固后围岩孔隙水压力如图 6-40 所示。由图 6-40 可知，相较于未注浆，在拱顶进行注浆后，围岩渗流场发生了较大改变，但仍能形成降水漏斗，而不同注浆厚度下渗流场变化较小。由于注浆圈渗透系数较小，右边墙处进行局部注浆加固后，大部分水流只能绕过加固区域后通过左侧的环向排水管排出，致使低水压区形成于隧道左上方位置。

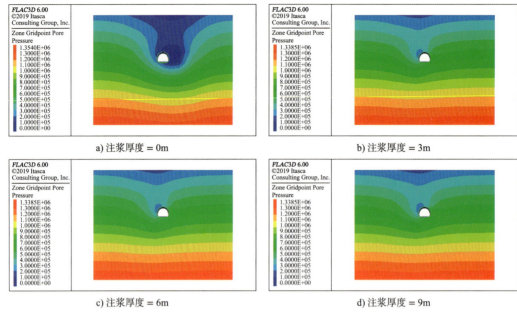

图 6-40 围岩孔隙水压力（单位：Pa）

边墙砂化时，不同注浆厚度下的二次衬砌轴力和弯矩如图 6-41a）和图 6-41b）所示。注浆加固后，边墙处围岩稳定性得到了明显提升，使得二次衬砌结构受力减小，提升了二次衬砌安全性。其中，除拱腰、拱顶和仰拱外，其余点位的轴力都有较大幅度的减小，尤其是边墙和墙脚处，轴力量值最大折减量可达 80%；而除拱腰、左边墙和左仰拱外，其余点位的弯矩都有较大幅度的减小，尤其是右边墙和左右墙脚处，弯矩量值最大折减量可达 80%。边墙砂化时，不同注浆厚度下的二次衬砌等效安全系数如图 6-41c）所示。经注浆加固后，衬砌结构各点位安全性都得到了一定提升，所有点位均满足安全要求。在未加固时，最危险点位位于左墙脚，最小等效安全系数 K'_{min} 仅为 0.43；进行注浆加固后，最危险点位仍为左墙脚，但 K'_{min} 均提高了 12 倍以上，注浆厚度为 3m、6m 和 9m 时的 K'_{min} 分别是 5.19、5.22 和 5.25。不同注浆加固厚度下，衬砌结构安全性仅拱腰处有较大差异性，其余点位差异较小。

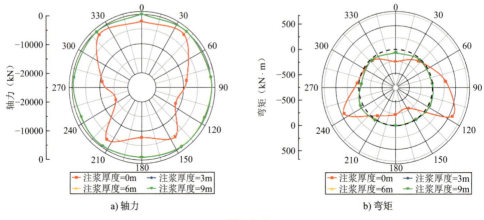

a) 轴力 b) 弯矩

图 6-41

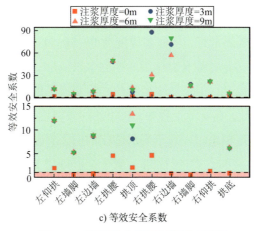

c) 等效安全系数

图 6-41　边墙砂化区域衬砌受力特征

6.3.4　砂化区域对比分析

选取工况 G-1～G-16 下二次衬砌的最小等效安全系数 K'_{min} 绘制成曲线（图 6-42），不同砂化区域注浆加固效果由好到差排序为：边墙砂化 > 拱顶砂化 > 拱底砂化 > 全包砂化。

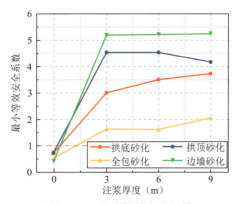

图 6-42　最小等效安全系数

当拱底砂化时，随着注浆厚度增大，K'_{min} 也逐渐增大，说明隧道基底围岩承载力逐步提升；虽然注浆厚度越大效果越好，但当注浆厚度为 3m 时已经能达到安全要求，且 K'_{min} 提升速率也较为缓慢，过大的注浆厚度缺乏经济性。

当拱顶砂化时，注浆效果显著，但随着注浆厚度增大，K'_{min} 反而出现下降趋势，一方面是因为注浆圈重度较大，另一方面是衬砌背后水压的变化致使三向受力状态也发生改变；说明继续加大拱顶处的注浆厚度对结构稳定性会起到消极作用，而较小的注浆厚度已能满足安全要求，故现场注浆时注浆厚度不宜过大。

当全包砂化时，注浆后衬砌虽然满足安全条件，但 K'_{min} 仍然较小。全断面注浆效果呈现"两台阶"现象，即当注浆范围在 3～6m 时，K'_{min} 差别较小，仅提升 3 倍左右，而当注浆厚度达到 9m 时，K'_{min} 提升接近 4 倍，主要是因为注浆圈已接近于砂化区域面积，砂化区域围岩稳定性较 3～6m 时得到更大幅度提升。因而在现场施工中，需要根据具体情况选择偏安全或偏经济的注浆厚度。

当边墙砂化时，注浆效果最好，但注浆厚度为 3～9m 时，K'_{min} 基本不发生改变。究其原因，边墙注浆主要是减弱非对称受力作用及抑制水平变形，随着注浆厚度增大，虽然右边墙附近围岩性质得到了提升，但左侧围岩相较之下变成了性质较弱的围岩，因而 K'_{min} 未能有较大幅度的提升。因此，在实际工程中，较小的注浆厚度反而是更经济更安全的选择。

综上所述，当砂化厚度较小时，对于局部砂化的白云岩隧道（拱底砂化、拱顶砂化、边墙砂化），可采用局部注浆的方式进行加固；对于全包砂化下的白云岩隧道可采用全断面注浆的方式进行加固；注浆厚度选取为 0.5D 即可保证衬砌结构安全。

第 7 章

富水砂化白云岩隧道灾害控制对策

7.1　富水砂化白云岩隧道施工灾害防治原则

微晶白云岩在构造影响下，溶蚀砂化形成砂化白云岩，白云岩砂化后岩体骨架崩解，呈细粉砂状，具有一定的黏聚力，在水流作用下容易发生渗透失稳，形成砂化区域。如何较为准确地预测砂化区域以及富水位置，实现对砂化区域的加固和能量释放，对防治涌水涌砂具有重要意义。同时富水砂化白云岩地层涌水涌砂具有显著的演变过程，需要针对掌子面揭示状况及时采取主动防突措施，即在涌水涌砂发生前兆阶段就实现主动控制，遏制涌水涌砂事故的进一步发展。基于相关研究，提出如下四点原则，并形成相应的技术措施。

7.1.1　超前预报

富水砂化白云岩地层砂化区域分布分散，同时富水情况存在差异，对施工地质条件做出及时、准确的判断是后续一切施工控制的基础。为了准确探测砂化区和富水情况，吉新隧道采用地表和洞内相结合、长距离和近距离相结合、构造探测和水探测相结合、地质法物探法钻探法相结合的原则，做到"有疑必探，先探后挖，不探不挖"，加强施工过程中的超前地质预报工作。

7.1.2　排水降压

高压水源是导致涌水涌砂的重要原因，强大的水压势能，对防突体造成损坏，使砂化白云岩发生渗透破坏。因此对于富水砂化白云岩地层施工，在安全厚度条件下，需对掌子面前方水体赋存情况、水压大小进行超前探测，同时采用超前降水技术实现精准降压。灵活应用堵排结合技术，引导水压安全释放，保障防突体安全。

7.1.3　精准注浆

砂化白云岩在水流渗透作用下，会发生颗粒崩解，胶结能力失效，由压密稳定状态转变为松散流动状态。此时如果不采取加固措施，势必导致开挖过程中的溜坍、涌砂等问题发生。同时未受渗流和地下水影响的砂化白云岩在地应力作用下致密，可注性差，富水区域砂化白云岩受水压和涌水影响，同样可注性极差。因此需精准分辨掌子面前方围岩分布状态，配合对应的注浆材料与注浆措施，可以实现有效的固结紧密，形成浆脉。

7.1.4　敏捷管控

受活动性断裂带影响，砂化白云岩和水源的分布复杂多样，需要对于预报和揭示的结果做出及时的反馈措施。由于富水砂化白云岩地层涌水涌砂的发育具有显著的演化过程，能够迅速反应，主动干预可以很大程度地降低涌水涌砂事故发生的概率。需要施工和设计单位根据不同砂化分布以及富水情况做出相应的控制措施，例如对超前加固措施、排水降压措施、注浆加固措施、开挖支护措施等进行及时调整，以实现在灾变初期对风险的控制。

7.2 超前预报技术

1）综合预报技术体系

提前预判掌子面前方岩层的变化、岩体的完整性、砂化情况、涌水涌砂位置、水量、水压及岩体渗透系数等，对处理白云岩和现场预警有着至关重要的作用，为了准确预测砂化段落，应加强白云岩地层的超前地质预报。目前主要的地质预报方法分为地质调查法、超前钻探法以及物探法三大类。不同方法的特点见表 7-1。

超前地质预报方法与特点　　　　　　　　表 7-1

预报方法		预报距离（m）	特点
地质调查法		<100	结合地质勘察资料对地质情况进行定性分析
超前钻探法		<30	可直观反映岩体概况，能够揭露大型地质缺陷体。由于随机取样属性，容易漏掉小型缺陷体
物探法	地质雷达法	10~25	短距离预报方法，仅能对掌子面前方的岩性变化、破碎带以及含水状态进行描述
	激发极化法	30~50	短距离预报方法，能够精确探测含水体形态和水量
	瞬变电磁法	50	中距离预报方法，能够精确探测不良地质体的形态
	陆地声呐法	100	长距离预报方法，对岩土完整性探测比较准确
	地震波反射法（TSP法）	150	长距离预报方法，可定量反映岩体参数，对不良地质体的界面位置定位准确，但不能进行形态描述，含水条件预测精度较低

通过比对各种超前预报措施的特点，本工程构建了以地质调查法、超前钻探法和物探法为主的综合预报方法，综合地质预报流程如图 7-1 所示。

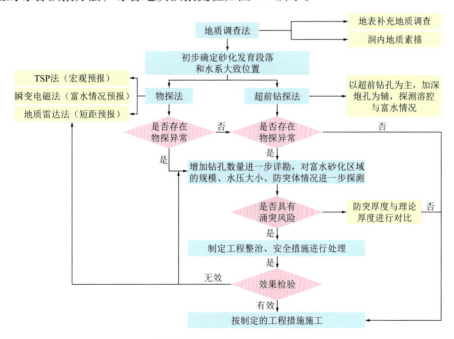

图 7-1　综合地质预报流程图

各预报措施的应用要求如下：

（1）地质调查法

地质调查法结合地勘资料以及隧道内地质素描图，利用地质理论、地质作图和趋势分析等方法，进行隧道的不良地质体分析，推测隧道可能遭遇的不良地质以及可能发生的灾害，对于不良地质集中区域与灾害易发区域进行预测。

（2）地震波反射法

地震波反射法（TSP法）应用于破碎地层以及砂化发育区，每次预报距离100~120m，前后两次搭接长度10m以上，三维成像预报如图7-2所示。

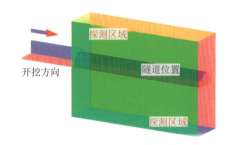 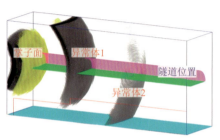

a) 观测系统图　　　　　　　　　　　b) 成像结果图

图 7-2　三维成像预报示意图（AGI-T3）

（3）地质雷达法

岩溶和砂化区域等易发生突涌地段采用地质雷达法进行探测，每25m一次，一次预测范围为30m，前后两次搭接长度5m以上，如图7-3所示。

图 7-3　地质雷达法设备

（4）瞬变电磁法

瞬变电磁法用于探测隧道前方可能存在的蓄水结构。每次预报距离80~100m，前后两次搭接长度不小于25m。图7-4为回线中阶跃电流的磁力线，图7-5为全空间中的等效电流云，图7-6为良导体瞬变电磁感应原理图。

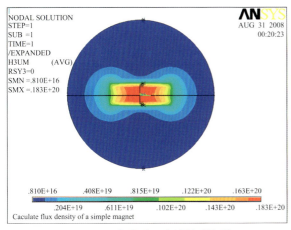
图 7-4 回线中阶跃电流的磁力线

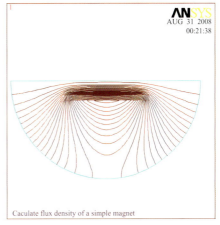
图 7-5 全空间中的等效电流云

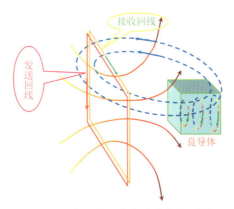
图 7-6 良导体瞬变电磁感应原理图

（5）超前钻探法

超前钻探法采用冲击钻和回旋取芯钻，用于中近距离物探异常段落。对震旦系灯影组（Z_bd）白云岩夹白云质灰岩地层，钻孔直径不小于 89mm，一般每循环探测深度控制在 50m 以上，连续钻探时每循环搭接长度不小于 10m。整个开挖过程中应将超前水平钻孔中出水进行有效引排，严禁出水冲刷掌子面及浸泡基底，引排采用与超前钻孔匹配的 PVC 花管或钢花管，并裹无纺布阻止砂土流失。超前钻孔布置如图 7-7 所示。

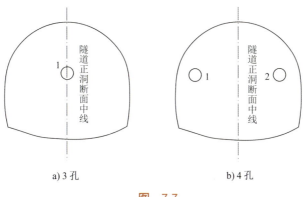

a) 3 孔   b) 4 孔

图 7-7

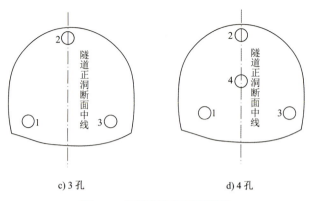

c) 3孔　　　　　　　　　d) 4孔

图 7-7　超前钻孔布置示意图

（6）加深炮孔法

加深炮孔法通过在隧道开挖工作面上钻小孔径浅孔获取掌子面前方岩溶发育区的地质信息。在每一循环钻设炮孔时布设 3~5 个加深炮孔，较循环进尺加深 3m 以上作为探测孔。对于岩溶和砂化发育段落，增设加深炮孔 10~15 个。加深炮孔布置如图 7-8 所示。

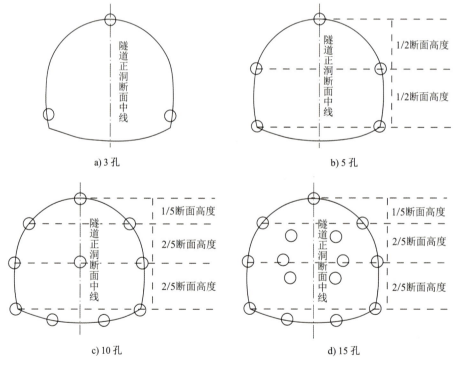

a) 3孔　　　　　　　　　b) 5孔

c) 10孔　　　　　　　　d) 15孔

图 7-8　加深炮孔布置示意图

2）实施案例

根据砂化白云岩特征，本工程采用地质调查法、地质雷达法、瞬变电磁法、加深炮孔法与超前钻探法进行了综合超前地质预报工作，以隧道 H1D1K0＋246.4~H1D1K0＋156.4 段为例，各种方法分析成果如下：

（1）地质调查法

地质调查法预报时掌子面里程为 H1D1K0＋248，通过掌子面地质素描表可知，掌子面岩性主要为全风化砂化白云岩，灰白色、褐色，岩质较软，呈碎裂结构，较破碎，掌子面围岩正面稳定，毛开挖面随时间松弛、掉块，节理裂隙较发育，围岩稳定性差。

（2）地质雷达法

地质雷达法预报里程范围为 H1D1K0＋254.4～H1D1K0＋224.4（即掌子面开挖方向30m），结合长距离（TSP法）和中长距离（瞬变电磁法）的预报和超前地质钻探结果，短距离预报的结论如下（在测线位置上的探测里程范围内）。

①H1D1K0＋254.4～H1D1K0＋239.4 段电磁波反射波信号衰减基本正常，预报该段岩体破碎，节理裂隙发育，溶蚀裂隙较发育，渗水～局部含水，受其影响，围岩稳定性差。施工前务必施作加深炮孔（10 孔，其中 9 孔均匀分布在开挖轮廓线上，1 孔位于掌子面中心）和超前地质钻探（3 孔，其中 1 孔取芯，孔位在掌子面宜呈等腰三角形布置，离断面轮廓线的距离宜控制在 1.5～2.0m，孔深不小于 50m），对该段围岩破碎情况、含水率和岩溶发育情况做进一步探测。

②H1D1K0＋239.4～H1D1K0＋224.4 段电磁波反射波信号畸变强，预报该段岩体破碎，局部极破碎，节理裂隙、溶蚀裂隙发育，含水，受其影响，围岩稳定性差～极差。施工前务必施作加深炮孔（10 孔，其中 9 孔均匀分布在开挖轮廓线上，1 孔位于掌子面中心）和超前地质钻探（3 孔，其中 1 孔取芯，孔位在掌子面宜呈等腰三角形布置，离断面轮廓线的距离宜控制在 1.5～2.0m，孔深不小于 50m），对该段围岩破碎情况、含水率和岩溶发育情况做进一步探测。

（3）瞬变电磁法

瞬变电磁法预报时掌子面里程为 H1D1K0＋248，探测时测线布置在掌子面后方 4m 处（H1D1K0＋299.2），预报范围为测线位置前方 10～70m（即 H1D1K0＋289.2～H1D1K0＋229.2 段），结合视电阻率剖面图与前期地质勘查情况，本次预报结论见表 7-2，图 7-9～图 7-12 为视电阻率结果。

瞬变电磁法预报结论 表 7-2

剖面方向	异常位置	预报结论
掌子面水平斜向下 30°扫描	掌子面斜向下 30°前方 17～60m 位置存在相对低阻异常	H1D1K0＋246.4～H1D1K0＋156.4 段围岩整体渗水～含水。其中在 H1D1K0＋239.4～H1D1K0＋201.4 段（测线位置前方 17～55m）存在相对低阻异常，预报该区域围岩含水，含水率增加，易发生涌水涌砂。施工前务必施作加深炮孔（10 孔，其中开挖轮廓线均匀分布 9 孔，掌子面中心 1 孔）和超前地质钻探（3 孔，孔位在掌子面宜呈等腰三角形布置，离断面轮廓线的距离宜控制在 1.5～2.0m，孔深不小于 50m，其中 1 孔取芯），对该段围岩含水率情况做进一步探测
掌子面水平 0°扫描	掌子面前方 17～55m 位置存在相对低阻异常	
掌子面水平斜向上 30°扫描	掌子面斜向上 30°前方 20～55m 位置存在相对低阻异常掌子面中央垂向扫描	
掌子面中央垂向扫描	掌子面前方 17～50m 偏下位置存在相对低阻异常	

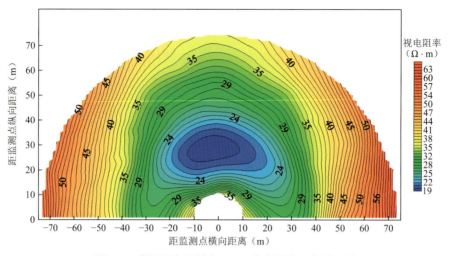

图 7-9 掌子面水平斜向下 30°方向视电阻率剖面图

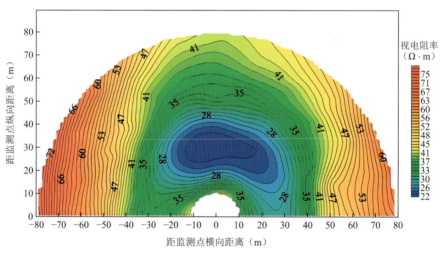

图 7-10 掌子面水平 0°方向视电阻率剖面图

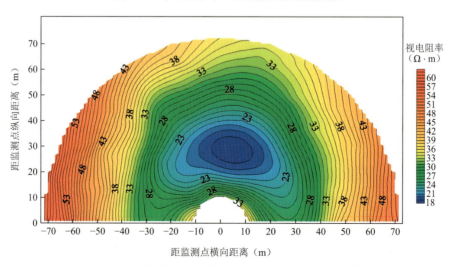

图 7-11 掌子面水平斜向上 30°方向视电阻率剖面图

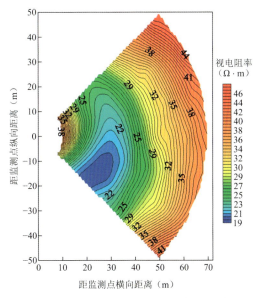

图 7-12 掌子面中央垂直方向视电阻率剖面图

（4）加深炮孔法

2020 年 4 月 28 日，施工单位在掌子面 H1D1K0+248 处往小里程方向进行了加深炮孔作业，本次施作加深炮孔 3 个，钻孔长度均为 6m。分析结论如下：段内岩性主要为白云岩，匀速钻进，冲液灰白色，钻进过程中无卡钻现象。

（5）超前钻探法

2020 年 4 月 28 日，施工单位在掌子面 H1D1K0+248 处往小里程方向进行了超前水平钻作业，本次施作超前钻孔 3 个，钻孔长度均为 40m。分析结论如下：段内岩性主要为白云岩，匀速钻进，冲液灰白色，钻进过程中无卡钻现象，在掌子面前方 3m 位置出水量有增大现象。

（6）结论

综合隧道地质调查法、地质雷达法、瞬变电磁法、加深炮孔法与超前钻探法的地质预报结果，并结合其他相关地质勘探资料，综合分析结论推断如下：

该段内岩性主要围岩为白云岩，褐色，岩质较软，围岩较破碎，岩体呈碎裂结构，节理裂隙发育，开挖时有掉块现象，地下水发育，拱顶有雨滴状水，见有呈线状水 3~6 处，沿超前小导管及超前水平钻孔内流出，围岩自稳性差。综合判定围岩级别为Ⅴ级，具有掌子面失稳风险，建议在安全厚度范围内进行掌子面预加固处理。

7.3 排水降压技术

在不影响地表环境及不危及安全的前提下，施工中可采取超前钻孔排水以及洞周排水孔排水的释水降压措施。上台阶拱部范围设环向间距 3m 的排水孔，每孔长度 30m，搭接

5m，每个断面约 5 孔，施工中根据砂化程度及水量情况可适当加密，掌子面中部排水孔可利用超前水平钻孔。

实际施作过程中，若超前地质预报揭示掌子面前方储水量过多，压力过大时，在掌子面补钻 3～5 个全贯通的排水泄压孔，实现排泄水流释能减压。当围岩破碎或砂化发育时，造成钻孔内泥砂流出量有增大趋势，应及时将探孔变成注浆孔，往前方围岩压注水泥浆固砂止水。同时对于初期支护施作段，为了降低衬砌水压，可在拱脚处打设泄水孔进行卸压，泄水孔采用 1m 间隔设置。超前泄水与洞周泄水实施如图 7-13 和图 7-14 所示。

图 7-13 超前泄水现场

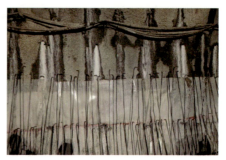
图 7-14 洞周泄水现场

7.4 精准注浆技术

精准注浆离不开对掌子面前方富水以及围岩砂化情况的探测，可采用综合超前地质预报技术探测掌子面前方岩溶和砂化的发育情况（规模、性质及位置等）、地下水赋存情况（水量及水压等），据此进行涌水涌砂危险性判别。对于钻孔出水量超过 $3m^3/h$、出水钻孔占比大于 2/3，并且长时间泄水没有明显减少趋势的情况，说明蓄水结构尺寸大，水压势能高，持续的泄水并不能降低突涌发生的概率，应当采取注浆控制进行封堵，通过增加探孔，明确富水区域尺寸和位置，实现注浆精准化。当地表没有环境要求时，可采用超前局部注浆的方式（图 7-15）；当地表有环境要求时，可采用超前帷幕注浆的方式（图 7-16）。

图 7-15 超前局部注浆

图 7-16 超前帷幕注浆

为了提高浆液的可注性，达到固结紧密的作用。吉新隧道在浆液选择上，针对不同的地层条件提出选择要求：①地层松散坍塌体选择普通硅酸盐水泥单液浆和双液浆；②地层致密部分选择超细水泥，提高地层的可注性；③针对地层注浆堵水效果差的情况，选择部分重点孔注改性水玻璃，提高堵水率。

吉新隧道在 H1DK0+810 处采用了精准注浆技术进行注浆加固。首先通过瞬变电磁法和超前钻孔结果确定注浆区域，瞬变电磁法结果如图 7-17 所示。钻孔结果如图 7-18 所示。通过钻孔定位最终确定了注浆孔位，如图 7-19 所示。

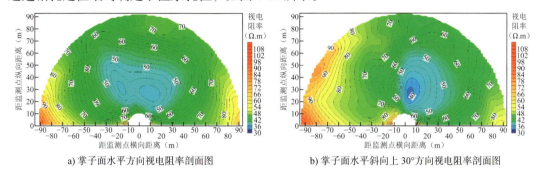

a) 掌子面水平方向视电阻率剖面图　　　　　b) 掌子面水平斜向上 30°方向视电阻率剖面图

图 7-17　瞬变电磁探测结果

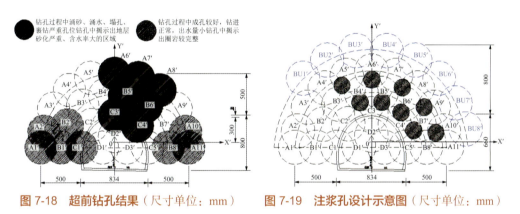

图 7-18　超前钻孔结果（尺寸单位：mm）　　图 7-19　注浆孔设计示意图（尺寸单位：mm）

统计钻孔随注浆出水量，如图 7-20 所示。由图 7-20 可以看出，前期钻孔出水 $30m^3/h$，随着注浆的进行，地层逐步被加固密实，裂隙逐步被封堵，地层出水量逐步减小；注浆到中期时，钻孔出水量基本在 $4m^3/h$ 左右，随着注浆继续进行，地层的稳定性和整体性增加，松散围岩得到有效固结，过水通道封闭，注浆加固范围内地层含水率降低，整体堵水效果良好。

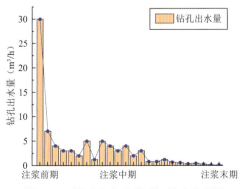

图 7-20　钻孔出水量随时间效应分布图

在检查孔施工完成后，选择 J1、J2、J3 检查孔通过孔内成像进行注浆效果检查，孔内成像如图 7-21 所示。

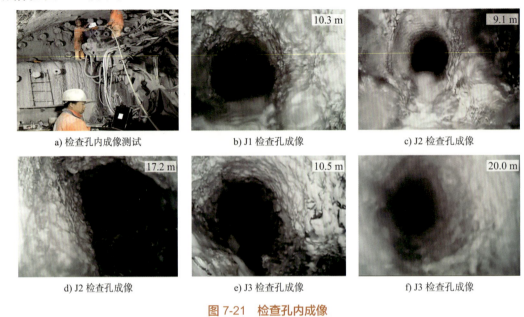

图 7-21 检查孔内成像

由 3 个检查孔成像可知，成孔完整，内壁较光滑，且测孔过程无坍孔现象，出水量小，证明注浆效果的可靠性。

7.5 敏捷管控技术

表 7-3 为砂化程度分级表，砂化分级为轻度砂化、中等砂化和严重砂化三种程度。

砂化程度分级表　　　　　　　表 7-3

等级	砂化面积占比	整体稳定性	构造	溶蚀程度	裂隙发育程度	地下水
轻度砂化	<30%	稳定性较差，局部易失稳	溶蚀主要沿层面或优势结构面进行，可量取层理产状	岩体骨架存在，以溶隙小孔为主	裂隙较发育，一般大于 2 条，结构面胶结一般，呈层状结构	掌子面潮湿或点状出水
中等砂化	30%~70%	稳定性差，局部易失稳	构造部分破坏，岩体被多组结构面切割成岩块，不易量取层理产状	岩体骨架部分被破坏，围岩局部被溶蚀为角砾碎块状	裂隙发育，一般大于 3 条，结构面结合差，呈裂隙块~碎裂状	掌子面有线状水，局部股状水
严重砂化	>70%	稳定性很差，无支护易产生坍塌	构造破坏，多呈"砂包石"结构，围岩多为岩块，无法量取层理产状	岩体骨架基本不存在，围岩被溶蚀为角砾状、砂状	裂隙发育呈无序状，岩体结构为散体结构	掌子面有涌水，局部股状水

为了实现敏捷管控，需要针对不同的砂化情况制定相应的加强支护措施、超前支护措施、开挖工法等。

1）超前管棚性能研究

（1）数值模型

数值模型采用离散元颗粒模拟砂化白云岩，连续单元模拟未砂化白云岩和超前管棚部分，超前小导管由于太细小，自身强度可以忽略不计，仅对注浆部分进行模拟，由于打入管棚和小导管时产生的扰动，管棚和小导管附近的砂化白云岩颗粒粒径更小。管棚在施工时由于有搭接长度，即前后两端管棚在接头处有重叠的部分，故模拟时将管棚的近掌子面端边界条件设为固定端。施工方法采用三台阶法，数值模型如图 7-22 所示。

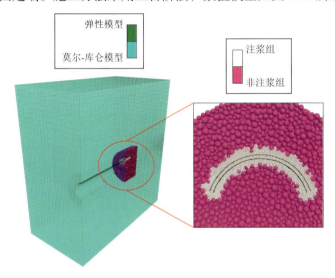

图 7-22 管棚加固数值模型

在第 3 章宏观参数和细观参数的基础上，本节针对注浆部分，按照过往学者的研究以及工程经验，各项参数取原围岩的 3 倍，黏结模型从接触黏结模型变为平行黏结模型，注浆范围取管棚向外蔓延 0.5m，具体参数见表 7-4。其中管棚选用 8m 长的 φ76mm 中管棚，其壁厚为 9.5mm，经过式(7-1)的换算，将空心管棚简化为实心结构单元，故弹性模量取 90.125GPa。

$$\frac{E_{原}}{E_{换算}} = \frac{A_{原}}{A_{换算}} \tag{7-1}$$

围岩及管棚力学参数 表 7-4

类型	重度（kN/m³）	弹性模量（GPa）	黏聚力（kPa）	内摩擦角（°）	泊松比
未砂化白云岩	29.0	17.4	—	—	0.22
轻度砂化白云岩	27.9	12.1	416	29.68	0.26
中等砂化白云岩	27.3	7.5	268	14.03	0.28
严重砂化白云岩	26.8	3.6	141	10.20	0.30
超前管棚	26.0	90.125	—	—	0.2

（2）计算工况

为研究超前管棚在砂化白云岩隧道的预加固效果，计算超前管棚在三种砂化程度下的适用性，本节设置不同计算工况进行模拟，具体工况见表7-5。其中，双层管棚对应的管棚间距是0.2m或0.3m，单层管棚对应的管棚间距是0.3m或0.4m。

计算工况详情　　　　表7-5

砂化等级	超前小导管	管棚层数	管棚间距（m）
轻度砂化	有/无	单层	0.4
中等砂化	有/无	单层	0.3/0.4
严重砂化	有/无	双层/单层	0.2/0.3

（3）计算结果及分析

本节主要从掌子面的稳定性、管棚位移、管棚受力情况对计算结果进行分析。掌子面稳定情况是超前支护措施适用性的最主要判断标准，计算结果显示掌子面稳定性好，说明超前支护措施提供了足够的支护能力。而管棚受力状态可以判断管棚是否充分发挥作用，若管棚受力不足，说明管棚并未充分发挥作用，还有一定的安全冗余。

①严重砂化白云岩的预加固情况分析：对于严重砂化白云岩，在模拟时采用了双层管棚（间距0.2m）以及单层管棚（间距0.3m）结合超前小导管两种超前支护方案，双层管棚的计算结果如图7-23所示，单层管棚结合超前小导管的计算结果如图7-24所示。

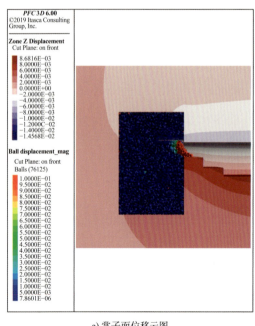
a) 掌子面位移云图

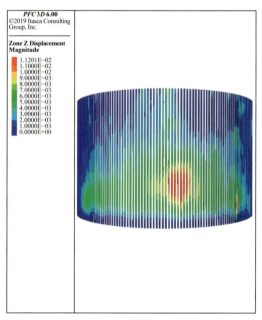
b) 下层管棚位移云图

图　7-23

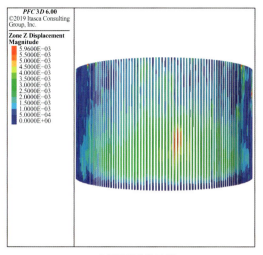

c) 上层管棚位移云图

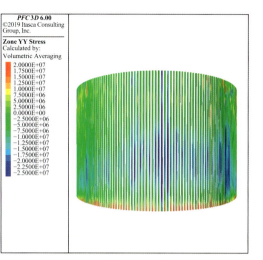

d) 下层管棚轴向应力俯视云图

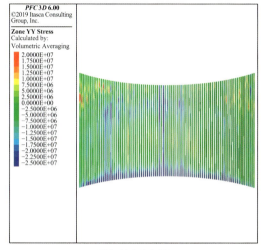

e) 下层管棚轴向应力仰视云图

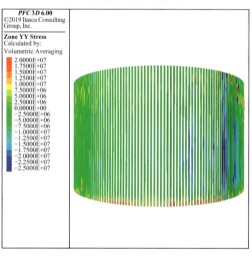

f) 上层管棚轴向应力俯视云图

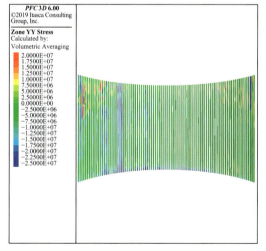

g) 上层管棚轴向应力仰视云图

图 7-23　严重砂化白云岩隧道双层管棚预加固措施计算结果

针对双层管棚的情况，由图 7-23a）可知，掌子面发生了可控的失稳，管棚下方的围岩发生了一定的失稳，但管棚上方的围岩并未发生失稳，其中有一部分原因是采取了三台阶法。从控制掌子面变形的效果上，双层管棚在严重砂化白云岩地层中的表现是满足要求的。由于下层管棚在双层管棚的结构中是承载的主力，下层管棚位移最大处达 11.2mm，而上层管棚位移最大处仅为 5.96mm。在管棚中位移最大的部位为拱顶处、距离掌子面 2～4m 的区间。针对管棚所受应力的情况，在分析时取管棚轴向的应力，因为管棚是受弯构件，主要靠承受弯矩来承载，轴向应力即可反映出管棚受弯的情况。根据图 7-23d）～图 7-23g）可知，管棚从近掌子面端开始先上方受拉，下方受压，其中拉应力为管棚中最大，最大拉应力达到了 34MPa，因为该段受到的弯矩最大，近掌子面端的管棚显示出非常鲜明的向下受弯的受力状态。而最大压应力出现在拱顶处的近掌子面端管棚下部，此处压应力达到了 47.5MPa，相比下层管棚，上层管棚受到的应力也更小，这是由于在双层管棚作用下，下层管棚上的岩体在未失稳的情况下，对上层管棚起到一定的支撑作用。

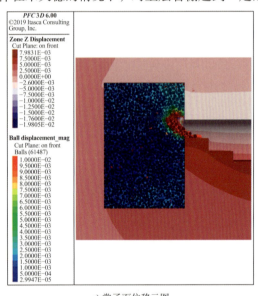

a) 掌子面位移云图

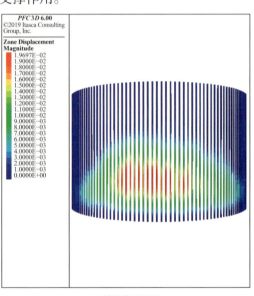

b) 管棚位移云图

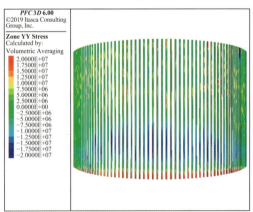

c) 管棚轴向应力俯视云图

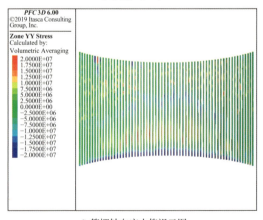

d) 管棚轴向应力仰视云图

图 7-24　严重砂化白云岩隧道单层管棚结合小导管预加固措施计算结果

针对单层管棚结合超前小导管的状况，由图 7-24a）可知，掌子面发生了失稳，并且管棚上方的岩体也出现了失稳，证明单层管棚的加固效果并不足以使得围岩自稳。同时，管棚的最大位移达到了 19.7mm，管棚发生较大沉降的范围也较双层管棚更大，证明失稳范围较大，已经发生大范围不可控的掌子面失稳。在管棚应力的结果中，最大拉应力达到了 95MPa，最大压应力达到了 96.9MPa，这两个值都远大于双层管棚的情况，且由图 7-24c）和图 7-24d）可看出，管棚受到较大应力的范围也更大，几乎所有管棚在固定端都受到了较大的弯矩。同时，不论是单层管棚还是双层管棚，由于砂化白云岩的离散特性，在管棚 8m 的长度范围内，管棚的受力大多都集中在 2/3 范围内，远离掌子面一端的管棚起到的作用不大，可见 8m 长度的管棚已经能很好地发挥支护作用。

② 中等砂化白云岩的预加固情况分析：模拟时采用了间距 0.3m 单层管棚结合超前小导管的预加固方案，以及间距 0.4m 单层管棚的方案。间距 0.3m 单层管棚结合超前小导管方案的计算结果如图 7-25 所示，间距 0.4m 单层管棚方案的计算结果如图 7-26 所示。

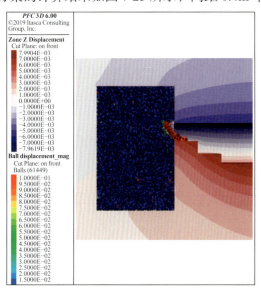

a) 掌子面位移云图

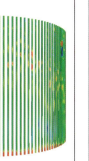

b) 管棚位移云图

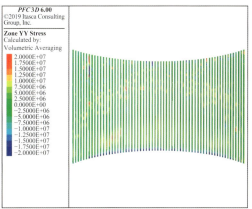

c) 管棚轴向应力俯视云图　　　　　　　d) 管棚轴向应力仰视云图

图 7-25　中等砂化白云岩隧道单层管棚结合小导管预加固措施计算结果

针对 0.3m 单层管棚结合超前小导管预加固方案，由图 7-25a）可见，掌子面只在小范围内发生了失稳，且管棚上方的围岩在管棚的支撑下保持了稳定，并未发生失稳，相较图 7-24 中等砂化白云岩的掌子面失稳情况，失稳范围也有一定缩小，这表明该预加固方案在中等砂化白云岩地层中已经实现了加固的效果。同时，管棚中最大位移仅有 7.98mm，也主要发生在距离掌子面 2～4m 范围内。此外，管棚中最大拉应力达到了 56.5MPa，最大压应力达到了 52.3MPa，这个值比严重砂化白云岩单层管棚方案要小，但比双层管棚要大，这表明双层管棚使分担在每根管棚上的应力显著减小，而单层管棚使得管棚更大地发挥了管棚自身的承载能力，但掌子面位移的能力更弱，因此，对于中等砂化白云岩来说，单层管棚结合超前小导管的方案已经足够使掌子面自稳。还可以注意到，管棚应力较高处几乎集中于近掌子面的固定端处，说明管棚上方围岩的失稳是造成管棚中部出现高应力的直接原因。

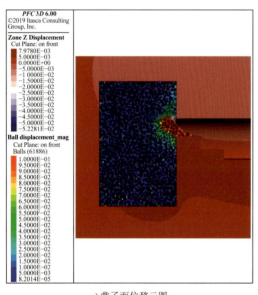

a) 掌子面位移云图

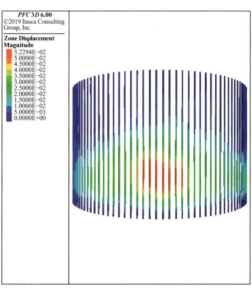

b) 管棚位移云图

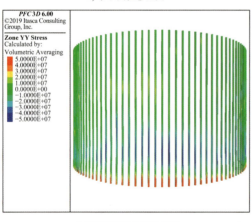

c) 管棚轴向应力俯视云图

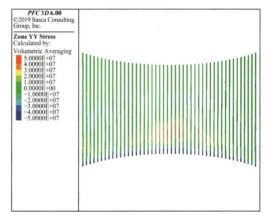

d) 管棚轴向应力仰视云图

图 7-26　中等砂化白云岩隧道单层管棚预加固措施计算结果

针对间距 0.4m 单层管棚预加固方案，由图 7-26a) 可见，掌子面发生了大范围的失稳，管棚上方的围岩以及上台阶下的掌子面围岩也发生了失稳，表明间距 0.4m 的单层管棚预加固方案在中等砂化情况下并不足以控制掌子面的失稳，达不到加固掌子面的效果。同时，管棚的最大位移达到了 52.2mm，最大位移的发生部位仍然在拱顶处，距离掌子面 2～4m。此外，由图 7-26c) 和图 7-26d) 可见，管棚的最大拉应力达到了 189MPa，最大压应力达到了 193MPa，这已经接近管棚的屈服强度，表明管棚已经几乎不能维持稳定，同时考虑到掌子面上方围岩还有失稳的趋势，证明间距 0.4m 单层管棚不足以维持中等砂化状况下掌子面的稳定性。与严重砂化下两种预加固方案相比，从 0.2m 双层管棚到 0.3m 单层管棚结合超前小导管，管棚的应力位移的增幅不如从 0.3m 单层管棚结合超前小导管到 0.4m 单层管棚，这表明管棚的间距对管棚预加固效果的影响十分显著，而超前小导管对掌子面稳定性的贡献也不容忽视。

③轻度砂化白云岩的超前支护情况分析：本次模拟采用了间距 0.4m 单层管棚的预加固方案，计算结果如图 7-27 所示。相较严重砂化和中等砂化情况，轻度砂化时掌子面几乎不产生失稳，仅有少量颗粒从拱底掉落；同时，管棚位移很小，几乎都在 1mm 以内，管棚的较大轴向应力也主要出现在近掌子面端，拉压应力大多在 20～30MPa 范围内，而管棚中段几乎没有轴向应力，这表明管棚几乎没有受到弯曲，也即意味着掌子面前方的围岩没有发生不均匀的沉降，近掌子面端的高应力仅仅因为这一端为固定端。以上分析表明，管棚几乎没起到作用，掌子面主要靠围岩自身的稳定在起作用，这也与第 3 章中轻度砂化白云岩能够自稳的结论相吻合，而在轻度砂化白云岩地层中设置管棚，主要作用不是控制掌子面的稳定，而是在隧道开挖中防止已开挖段出现拱顶掉块的现象。

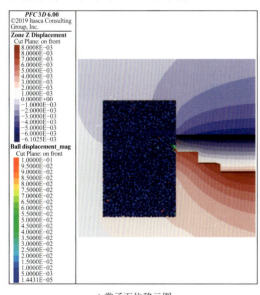
a) 掌子面位移云图

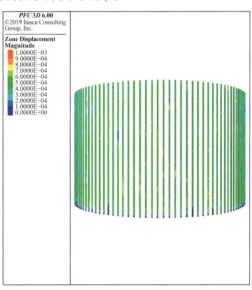
b) 管棚位移云图

图 7-27

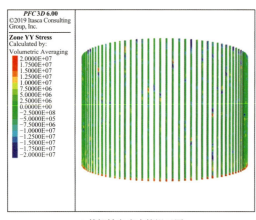
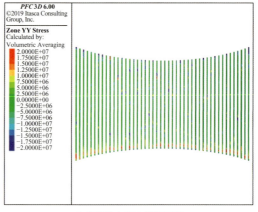

c) 管棚轴向应力俯视云图　　　　　　　　d) 管棚轴向应力仰视云图

图 7-27　轻度砂化白云岩隧道单层管棚预加固措施计算结果

④管棚在砂化白云岩中的工作特性分析：图 7-28 为各工况下典型管棚挠度的折线图，可见各工况下管棚的最大挠度都出现在 2～4m 处，且远离掌子面端管棚挠度都很小，这是由管棚的受力特性以及自身变形特性决定的。

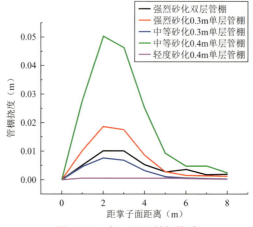

图 7-28　各工况下管棚挠度

在管棚的受力分析中，往往用欧拉-伯努利梁（Euler-Bernoulli 梁）来模拟管棚的受力，在近掌子面端，由于初期支护已经施作完毕，且管棚搭接在上一段管棚上，导致管棚的近掌子面端就像固定端一样，既不发生位移也不发生旋转，随着隧道的开挖，掌子面前方的围岩发生松动，导致前方一定范围内的围岩无法给予管棚支撑，而管棚上部的松动荷载又由管棚承担了大部分，这一段就类似于悬臂梁，而到了更远离掌子面的前方围岩中，开挖引起的扰动没有影响到如此深入的部分，那里的围岩荷载也是平衡的，即没有荷载分担到管棚上，这一端就类似地基梁，管棚受力模型如图 7-29 所示。

根据管棚的受力模型，采用 Euler-Bernoulli 梁的理论以及 Pasternak 弹性地基理论来建立管棚的挠曲线微分方程。首先提出假设：①围岩为各向同性材料，符合 Pasternak 弹性地基理论；②不考虑管棚与围岩的摩擦力，仅考虑竖向荷载；③管棚的弯曲用 Euler-Bernoulli 梁的理论描述。

梁单元受力如图 7-30 所示，其中，$q(x)$ 为外力荷载函数，$M(x)$ 为梁单元弯矩函数，$Q(x)$ 为梁单元剪力函数，根据平衡条件可得：

$$\frac{\mathrm{d}Q(x)}{\mathrm{d}x} = -q(x) \tag{7-2}$$

$$\frac{\mathrm{d}M(x)}{\mathrm{d}x} = Q(x) \tag{7-3}$$

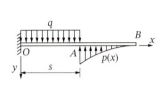
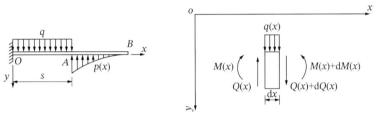

图 7-29 管棚受力模型示意图　　图 7-30 梁单元受力示意图

q-均布荷载，s-均布荷载的宽度，$p(x)$-外力荷载分布函数

由 Euler-Bernoulli 梁理论可知，荷载、位移、内力之间的微分关系为：

$$\theta(x) = \frac{\mathrm{d}\omega(x)}{\mathrm{d}x} \tag{7-4}$$

$$M(x) = -EI\frac{\mathrm{d}^2\omega(x)}{\mathrm{d}x^2} \tag{7-5}$$

$$Q(x) = -EI\frac{\mathrm{d}^3\omega(x)}{\mathrm{d}x^3} \tag{7-6}$$

式中：$\theta(x)$——转角函数；

$\omega(x)$——挠度函数。

则梁的变形控制微分方程为：

$$EI\frac{\mathrm{d}^4\omega(x)}{\mathrm{d}x^4} = q(x) \tag{7-7}$$

在 Pasternak 弹性地基理论中，地基反力为：

$$p(x) = kb^*\omega(x) - G_\mathrm{p}b^*\frac{\mathrm{d}^2\omega(x)}{\mathrm{d}x^2} \tag{7-8}$$

式中：k——地基基床系数（kN/m^3）；

G_p——地基剪切模量（kN/m）；

b^*——地基剪切层的等效宽度（m），满足 $b^* = b\left(1 + \sqrt{G_\mathrm{p}/k/b}\right)$，$b$ 为管棚的直径。

则 OA 段挠曲线微分方程为：

$$EI\frac{\mathrm{d}^4\omega(x)}{\mathrm{d}x^4} = q \tag{7-9}$$

AB 段挠曲线微分方程为：

$$EI\frac{\mathrm{d}^4\omega(x)}{\mathrm{d}x^4} - G_\mathrm{p}b^*\frac{\mathrm{d}^2\omega(x)}{\mathrm{d}x^2} + kb^*\omega(x) = 0 \tag{7-10}$$

经验证,这两个微分方程的结果与数值模拟计算结果高度一致,可以用于评估管棚在围岩中的受力状态。

2)超前加固与支护措施调控方案

砂化白云岩稳定性极差,需要及时进行封闭支护,避免砂化后白云岩松动造成溜坍等问题。同时需要对掌子面及时进行超前加固,防止拱部出现松动塌落。因此针对不同类型地层设计支护和超前加固方案,见表7-6。

不同类型地层的支护和超前加固方案 表7-6

围岩类型	初期支护	超前加固措施
V级的富水未砂化白云岩	I18型钢钢架,间距0.6m/榀,采用临时仰拱及时封闭	拱部设φ42mm小导管进行超前支护
严重砂化白云岩	全环I22a型钢钢架间距0.6m/榀,采用临时仰拱进行及时的闭环处理	采用双层密排(环距0.2m)φ76mm自进式中管棚超前支护
中等砂化白云岩		采用单层加密(环距0.3m)φ76mm自进式中管棚加大外插角(45°)小导管超前支护
轻度砂化白云岩		采用普通φ76mm中管棚(环距0.4m)超前支护

3)强砂化地层铣爆结合法施工

砂化白云岩受渗流水影响大,而爆破开挖不但会造成防突体性质劣化,同时会促进渗透通道的发育,使防突体更容易发生渗透失稳以及拱部的塌落。为减小爆破开挖对地层的扰动,同时减小超欠挖,保证施工质量,白云岩砂化段采用钻爆结合铣挖方式进行开挖,上、中台阶钻爆后内轮廓预留1m采用机械铣挖,下台阶采用钻爆开挖。为保证白云岩砂化段掌子面的稳定,配合钻爆+铣挖工法,V级围岩严重砂化段上台阶掌子面采用C25喷射混凝土临时封闭,喷射混凝土厚度8cm;中度砂化、轻度砂化段上台阶掌子面采用C25喷射混凝土临时封闭,喷射混凝土厚度5cm。铣爆结合法示意如图7-31所示。

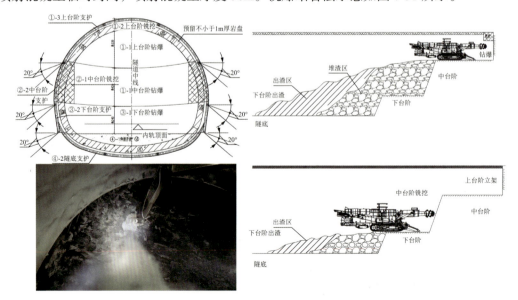

图7-31 铣爆结合法示意图

参 考 文 献

[1] 董家兴, 杨吉, 周伦顺, 等. 砂化白云岩隧洞围岩致灾构造分类、孕灾及破坏模式研究[J]. 岩石力学与工程学报, 2024, 43(5): 1064-1079.

[2] 浦瑞, 王陈涛, 赵太东, 等. 滇中引水过白云岩沙化洞段施工技术研究[J]. 云南水力发电, 2021, 37(6): 125-128.

[3] 杨文国, 王才高, 付廷达. 秀山隧道（出口）防涌水突砂施工配套技术[J]. 铁道建筑, 2011(6): 78-80.

[4] 赵健. 玉蒙铁路秀山隧道构造挤压破碎富水带处理措施研究[J]. 铁道建筑, 2015(6): 54-57.

[5] 陆记霞, 刘向阳. 玉蒙铁路秀山隧道涌水涌砂地段施工技术[J]. 隧道建设, 2009, 29(3): 339-341.

[6] 桂林岗, 曾琦, 宋智来, 等. 砂化白云岩隧道突泥涌水处治技术[J]. 工程建设与设计, 2023(13): 180-183.

[7] 白玉, 李敏恒. 营尔岭隧道穿越砂化白云岩地段小溶腔处治措施[J]. 施工技术, 2020, 49(S1): 802-804.

[8] 张学丰, 胡文瑄, 张军涛. 白云岩成因相关问题及主要形成模式[J]. 地质科技情报, 2006(5): 32-40.

[9] WARREN J. Dolomite: occurrence, evolution and economically important associations[J]. Earth-Science Reviews, 2000, 52(1-3): 1-81.

[10] CHOQUETTE P W, HIATT E E. Shallow-burial dolomite cement: a major component of many ancient sucrosic dolomites[J]. Sedimentology, 2008, 55(2): 423-460.

[11] MACHEL H G, LONNEE J. Hydrothermal dolomite: A product of poor definition and imagination[J]. Sedimentary geology, 2002, 152(3-4): 163-171.

[12] WHITAKER F F, SMART P L, JONES G D. Dolomitization: from conceptual to numerical models[J]. Geological Society, London, Special Publications, 2004, 235(1): 99-139.

[13] VASCONCELOS C, MCKENZIE J A. Microbial mediation of modern dolomite precipitation and diagenesis under anoxic conditions[J]. Journal of sedimentary Research, 1997, 67(3): 378-390.

[14] ARVIDSON R S, MACKENZIE F T, GUIDRY M. MAGic: A Phanerozoic model for the geochemical cycling of major rock-forming components[J]. American Journal of Science, 2006, 306(3): 135-190.

[15] PETERS S E, HUSSON J M, WILCOTS J. The rise and fall of stromatolites in shallow marine environments[J]. Geology, 2017, 45(6): 487-490.

[16] MURPHY P J. The karstification of the Permian strata east of Leeds[J]. Proceedings of the Yorkshire Geological Society, 2000, 53(1): 25-30.

[17] 张之淦. 白云岩喀斯特发育的某些问题[C]//第一届全国水文地质工程地质学术会议论文选编第二辑. 北京: 中国工业出版社, 1965.

[18] 张之淦. 岩溶发生学[M]. 桂林: 广西师范大学出版社, 2006.

[19] LUND K, FOGLER H S, MCCUNE C C. Acidization—I. The dissolution of dolomite in hydrochloric acid[J]. Chemical Engineering Science, 1973, 28(3): 691.

[20] 翁金桃. 方解石和白云石的差异溶蚀作用[J]. 中国岩溶, 1984(1): 31-40, 107-108.

[21] 翁金桃. 桂林碳酸盐岩与岩溶发育的关系[J]. 中国科学 (B 辑 化学 生物学 农学 医学 地学), 1985(8): 741-753.

[22] 翁金桃. 桂林岩溶与碳酸盐岩[M]. 重庆: 重庆出版社, 1987.

[23] ZHANG R, HU S, ZHANG X, et al. Dissolution kinetics of dolomite in water at elevated temperatures[J]. Aquatic Geochemistry, 2007, 13(4): 309-338.

[24] XIAO L P, LI Y S. Thermodynamic dissolution model of limestone and dolomite and their geotechnical engineering signification[J]. Advanced Materials Research, 2011, 261: 1277-1281.

[25] 何文秀. 美姑河坪头水电站厂址区白云岩砂化成因及其对工程影响研究[D]. 成都: 成都理工大学, 2008.

[26] 冯卫, 赵其华, 王兰生. 某水电站白云岩溶蚀机理的微观特征分析[J]. 中国水运 (下半月), 2008(11): 260-261.

[27] 胡相波. 美姑河坪头水电站岸坡深部白云岩岩溶砂化特征及机理研究[D]. 成都: 成都理工大学, 2009.

[28] 张海泉, 赵其华, 彭社琴. 美姑河坪头水电站深部白云岩岩溶砂化岩体质量分级[J]. 中国农村水利水电, 2012(7): 151-155.

[29] 张良喜. 白云岩岩溶砂化形成机理及其工程特性研究[D]. 成都: 成都理工大学, 2012.

[30] 张良喜, 张海泉, 赵其华, 等. 四川坪头水电站白云岩砂化特征及发育分布规律[J]. 人民长江, 2012, 43(19): 42-44, 78.

[31] 张良喜, 赵其华, 胡相波, 等. 某地区白云岩室内溶蚀试验及微观溶蚀机理研究[J]. 工程地质学报, 2012, 20(4): 576-584.

[32] 刘光亚. 基岩蓄水构造的理论与实践[J]. 河北地质学院学报, 1981(4): 50-56.

[33] 张之淦, 陈伟海. 岩溶蓄水构造与找水: 以广西来宾小平阳为例[J]. 水文地质工程地质, 2000(6): 1-5.

[34] 韩宗珊. 试论湘西黔东地区岩溶富水构造[J]. 水文地质工程地质, 1980(2): 32-37.

[35] 钱学溥. 中国蓄水构造类型[M]. 北京: 科学出版社, 1990.

[36] 华兴, 王中美, 胡荣. 复杂构造区向斜盆地岩溶地下水赋存特征及开发利用: 以思南县塘坝流域为例[J]. 贵州大学学报 (自然科学版), 2014, 31(3): 45-48.

[37] 张民庆, 刘招伟. 圆梁山隧道岩溶突水特征分析[J]. 岩土工程学报, 2005, 27(4): 422-426.

[38] 王建秀, 杨立中, 何静. 大型地下工程岩溶涌 (突) 水模式的水文地质分析及其工程应用[J]. 水文地质工程地质, 2001, 28(4): 49-52.

[39] 李术才, 许振浩, 黄鑫, 等. 隧道突水突泥致灾构造分类, 地质判识, 孕灾模式与典型案例分析[J]. 岩石力学与工程学报, 2018, 37(5): 1041-1069.

[40] 蒋建平, 高广运, 李晓昭, 等. 隧道工程突水机制及对策[J]. 中国铁道科学, 2006, 27(5): 76-82.

[41] 莫阳春. 高水压充填型岩溶隧道稳定性研究[D]. 成都: 西南交通大学, 2009.

[42] YANG W, YANG X, FANG Z, et al. Model test for water inrush caused by karst caves filled with confined water in tunnels[J]. Arabian Journal of Geosciences, 2019, 12(24): 1-11.

[43] MENG Y, JING H, YIN Q, et al. Experimental study on seepage characteristics and water inrush of filled

karst structure in tunnel[J]. Arabian Journal of Geosciences, 2020, 13(12): 1-13.

[44] 周宗青, 李利平, 石少帅, 等. 隧道突涌水机制与渗透破坏灾变过程模拟研究[J]. 岩土力学, 2020, 41(11): 3621-3631.

[45] 黄鑫. 隧道突水突泥致灾系统与充填溶洞间歇型突水突泥灾变机理[D]. 济南: 山东大学, 2019.

[46] 黎良杰, 钱鸣高, 李树刚. 断层突水机理分析[J]. 煤炭学报, 1996, 21(2): 119-123.

[47] 李利平, 李术才, 石少帅, 等. 基于应力–渗流–损伤耦合效应的断层活化突水机制研究[J]. 岩石力学与工程学报, 2011, 30(S1): 3295-3304.

[48] 李玉生, 翁贤杰, 王人杰, 等. 隧道穿越断层破碎带突水突泥机理模拟试验研究[J]. 公路交通科技, 2020, 37(12): 89-99.

[49] WU G, CHEN W, YUAN J, et al. Formation mechanisms of water inrush and mud burst in a migmatite tunnel: a case study in China[J]. Journal of Mountain Science, 2017, 14(1): 188-195.

[50] YUAN J, CHEN W, TAN X, et al. Countermeasures of water and mud inrush disaster in completely weathered granite tunnels: a case study[J]. Environmental Earth Sciences, 2019, 78(18): 1-16.

[51] LIU J, CHEN W, YUAN J, et al. Groundwater control and curtain grouting for tunnel construction in completely weathered granite[J]. Bulletin of Engineering Geology and the Environment, 2018, 77(2): 515-531.

[52] 韩海军, 许崇帮. 长拉山隧道突水事故原因分析及工程对策[J]. 公路交通科技 (应用技术版), 2013, 9(8): 181-182.

[53] OTTO R, BUTTON E, BRETTEREBNER H, et al. The application of TRT-true reflection tomography-at the Unterwald Tunnel[J]. Felsbau, 2002, 20(2): 51-56.

[54] INAZAKI T, ISAHAI H, KAWAMURA S, et al. Stepwise application of horizontal seismic profiling for tunnel prediction ahead of the face[J]. The Leading Edge, 1999, 18(12): 1429-1431.

[55] KLOSE C D. Fuzzy rule-based expert system for short-range seismic prediction[J]. Computers & geosciences, 2002, 28(3): 377-386.

[56] 舒森. 突涌地质隧道 TSP 法弹性参数判识研究[J]. 铁道标准设计, 2019, 63(7): 108-116.

[57] 朱保健. TSP 法及地质雷达法相结合在隧道超前地质预报中的应用[J]. 铁道勘察, 2017, 43(5): 60-63.

[58] 韩侃, 王秉勇. TSP 法超前预报数据分析及探测技术研究[J]. 铁道工程学报, 2020, 37(3): 72-77.

[59] 樊浩博, 汪珂, 郭而东. 隧道溶洞的地质雷达探测及处理[J]. 南水北调与水利科技, 2015, 13(1): 181-184.

[60] 万千里. 地质雷达探测在大茅左隧道施工中的应用[J]. 公路, 2002(12): 139-142.

[61] 李玮, 梁晓园. 对地质雷达探测岩溶的方法和实例的探讨[J]. 勘察科学技术, 1995(3): 61-64.

[62] 薛国强, 李貅, 底青云. 瞬变电磁法理论与应用研究进展[J]. 地球物理学进展, 2007(4): 1195-1200.

[63] 李飞, 王圣龙, 郑贵强. 双回线瞬变电磁法全空间三维正演方法与响应特征[J]. 地球物理学进展, 2022, 37(3): 1047-1059.

[64] 李世聪, 刘亚军, 彭荣华, 等. 瞬变电磁法对隐伏岩溶探测的影响因素研究[J]. 地球物理学进展,

2022, 37(1): 397-412.

[65] 吕乔森, 陈建平. 红外探水技术在岩溶隧道施工中的应用[J]. 现代隧道技术, 2010, 47(4): 45-49.

[66] 刘赟君, 韦培富, 刘邦胜, 等. 红外探水技术在隧道超前地质预报中的应用[J]. 西部交通科技, 2015(2): 37-41.

[67] 王洪勇. 综合超前地质预报在圆梁山隧道中的应用[J]. 现代隧道技术, 2004(3): 55-61.

[68] 李术才, 薛翊国, 张庆松, 等. 高风险岩溶地区隧道施工地质灾害综合预报预警关键技术研究[J]. 岩石力学与工程学报, 2008, 27(7): 1297-1307.

[69] CHEN G, WU Z, WANG F, et al. Study on the application of a comprehensive technique for geological prediction in tunneling[J]. Environmental Earth Sciences, 2011, 62(8): 1667-1671.

[70] 张志华, 李丹. 宜万铁路岩溶隧道释能降压关键技术与应用研究[J]. 路基工程, 2011(3): 58-60.

[71] 张梅. 释能降压法在高压富水充填岩溶隧道中的应用研究[J]. 中国铁路, 2010(12): 42-47.

[72] 李雄周, 王星星, 秦之富. 云南省某高速公路隧道岩溶段处治技术研究[J]. 地下空间与工程学报, 2017, 13(S1): 433-441.

[73] 何桥, 朱代强, 郑克勋, 等. 深埋特长隧道岩溶高压涌水灌浆封堵技术研究与实践[J]. 中国岩溶, 2019, 38(4): 488-495.

[74] 周思峰, 任祥瑞, 王知远. "上堵下排, 泄水降压"注浆在高富水断层隧道施工中的应用[J]. 公路, 2019(6): 294-298.

[75] 罗昊, 邓飞, 何刚, 等. 隧道白云岩砂化段帷幕注浆处理技术[J]. 科学技术与工程, 2020, 20(18): 7441-7450.

[76] 朱合华, 张琦, 章连洋. Hoek-Brown 强度准则研究进展与应用综述[J]. 岩石力学与工程学报, 2013, 32(10): 1945-1963.

[77] HOEK E, BROWN E T. The Hoek–Brown failure criterion and GSI–2018 edition[J]. Journal of Rock Mechanics and Geotechnical Engineering, 2019, 11(3): 445-463.

[78] PERAZZELLI P, LEONE T, ANAGNOSTOU G. Tunnel face stability under seepage flow conditions[J]. Tunnelling and Underground Space Technology, 2014, 43: 459-469.

[79] HANDY R L. The arch in soil arching[J]. Journal of Geotechnical Engineering, 1985, 111(3): 302-318.

[80] 黄震, 李晓昭, 李仕杰, 等. 隧道突水模型试验流固耦合相似材料的研制及应用[J]. 中南大学学报(自然科学版), 2018, 49(12): 3029-3039.

[81] 宋琨. 花岗片麻岩体渗透特性及水封条件下洞库围岩稳定性研究[D]. 武汉: 中国地质大学, 2012.

[82] 刘仰鹏. 岩体性能指标和超大断面及洞群地下结构稳定性研究[D]. 北京: 北京交通大学, 2016.

[83] 张顶立, 孙振宇, 宋浩然, 等. 海底隧道突水演化机制与过程控制方法[J]. 岩石力学与工程学报, 2020, 39(4): 649-667.

[84] 陈泽龙. 富水断层带前隧道防突岩盘临界安全厚度研究[D]. 北京: 北京交通大学, 2020.

[85] 颜承越. 混凝土渗透系数与抗渗标号的换算[J]. 混凝土, 1993(3): 18-20.